国家文化
数字化战略
怎样
落地落实

culture|digitalize

高书生 著

人民出版社

目　录

第三章

激活文化数字化生产力"细胞"

55

第四章

打通文化数据资产化"堵点"

79

导　言

　　实施国家文化数字化战略，健全现代公共文化服务体系，创新实施文化惠民工程。健全现代文化产业体系和市场体系，实施重大文化产业项目带动战略。

　　——习近平：《高举中国特色社会主义伟大旗帜　为全面建设社会主义现代化国家而团结奋斗——在中国共产党第二十次全国代表大会上的报告（2022 年 10 月 16 日）》

2022 年 10 月，实施国家文化数字化战略写进了党的二十大报告，这在党代会历史上还是首次。党的二十大报告共计 4 万多字，提到数字化只有两次，一次是教育数字化，一次是文化数字化，足见文化和教育是密不可分的，二者数字化刻不容缓。此外，党的二十大报告提及战略 61 次，其中战略之前冠之于国家二字的有 6 次，包括国家文化数字化战略。

实施国家文化数字化战略，已成为全党共识、全党任务，意义重大，影响深远。

实施国家文化数字化战略是党中央顺应时代潮流做出的决策部署

党的二十大是在迈上全面建设社会主义现代化国家新征程、向第二个百年奋斗目标进军的关键时刻召开的一次十分重要的大会，是一次高举旗帜、求真务实、团结奋进的大会。习近平总书记代表第十九届中央委员会向大会作的题为《高举中国特色社会主义伟大旗帜　为全面建设社会主义现代化国家而团结奋斗》的报告，格局宏大，意蕴深远，催人奋进。

习近平总书记指出，从现在起，中国共产党的中心任务就是团结带领全国各族人民全面建成社会主义现代化强国、实现第二个百年奋斗目标，以中国式现代化全面推进中华民族伟大复兴。未来五年是全面建设社会主义现代化国家开局起步的关键时期。全面建设社会主义现代化国家，必须坚持中国特色社会主义文化发展道路，增强文化自信，围绕举旗帜、聚民心、育新人、兴文化、展形象建设社会主义文化强国，发展面向现代化、面向世界、面向未来的，民族的科学的大众的社会主义文化，激发全民族文化创新创造活力，增强实现中华民族伟大复兴的精神力量。

党的十八大以来，以习近平同志为核心的党中央坚持以社会主义核心价值观引领文化建设，注重用社会主义先进文化、革命文化、中华优秀传统文化培根铸魂，推动社会主义文化繁荣发展，满足人民日益增长的精神文化需求。近年来，互联网、大数据、云计算、人工智能、区块链等技术加速创新，日益融入经济社会发展各领域全过程。党中央站在统筹中华民族伟大复兴战略全局和世界百年未有之大变局的高度，把握数字化、网络化、智能化方向，加快新型基础设施建设，加强战略布局，推进数字产业化和产业数字化，抢占世界科技革命和产业变革的先机和制高点。

为应对科技革命和产业变革给文化建设带来的机遇和挑战，2020 年，党的十九届五中全会做出了推动公共文化数字化建设、实施文化产业数字化战略的决策部署。2022 年 3 月，中办国办印发了《关于推进实施国家文化数字化战略的意见》，明确提出：到"十四五"时期末，基本建成文化数字化基础设施和服务平台，基本贯通各类文化机构的数据中心，基本完成文化产业数字化布局，公共文化数字化建设跃上新台阶，形成线上线下融合互动、立体覆盖的文化服务供给体系；到 2035 年，建成物理分布、逻辑关联、快速链接、高效搜索、全面共享、重点集成的国家文化大数据体系，文化数字化生产力快速发展，中华文化全景呈现，中华文化数字化成果全民共享、优秀创新成果享誉海内外。

实施国家文化数字化战略是实现
社会主义文化强国目标的重要途径

文化数字化上升为国家战略，是坚定不移推动文化体制改革、促进文化事业繁荣和文化产业高质量发展的必然结果，也是实现社会主义文化强国目标的重要途径。

建设社会主义文化强国的目标，早在 2011 年党的十七届六中全会审议通过的《中共中央关于深化文化体制改革、推动社会主义文化大发展大繁荣若干重大问题的决定》[1] 就已经提出。2020 年，党的十九届五中全会审议通过的《中共中央关于制定国民经济和社会发展第十四个五年规划和二〇三五年远景目标的建议》[2] 非常明

1　《中共中央关于深化文化体制改革、推动社会主义文化大发展大繁荣若干重大问题的决定》，《中国青年报》2011 年 10 月 26 日。
2　《中共中央关于制定国民经济和社会发展第十四个五年规划和二〇三五年远景目标的建议》，新华网 2020 年 11 月 3 日。

确，到 2035 年，我国将建成文化强国、教育强国、人才强国、体育强国、健康中国，国民素质和社会文明程度达到新高度，国家文化软实力显著增强。这是党中央首次明确建成文化强国的具体时间表。

党的十八大以来，以习近平同志为核心的党中央极为重视文化强国建设，把文化建设提升到一个新的历史高度，把文化自信和道路自信、理论自信、制度自信并列为中国特色社会主义"四个自信"，把文化强国列为社会主义现代化强国远景目标的首位。2020年，党的十九届五中全会明确提出到 2035 年建成文化强国的远景目标，这是一个催人奋进的目标，也是一个需要付出艰苦努力才能实现的目标。2021 年，十三届全国人大四次会议表决通过的《中华人民共和国国民经济和社会发展第十四个五年规划和 2035 年远景目标纲要》[1]，开列了 102 项重大工程，其中包括"社会主义文化繁荣发展工程"。

中国特色社会主义进入新时代，我国社会主要矛盾已经转化为人民日益增长的美好生活需要和不平衡不充分的发展之间的矛盾。同社会主要矛盾转化一致，文化强国建设的主要矛盾也转化为人民日益增长的向往美好生活的精神文化需求和不平衡不充分的文化生产之间的矛盾。当我国社会完成全面建成小康社会目标、向第二个百年奋斗目标进军的过程中，一方面人民对享受高质量精神文

---

1 《中华人民共和国国民经济和社会发展第十四个五年规划和 2035 年远景目标纲要》，《人民日报》2021 年 3 月 13 日。

化生活的要求和需求，呈现快速增长的趋势，特别是数字化文化消费需求出现"井喷式"特征，另一方面文化生产力发展不平衡不充分的问题越来越突出，尤其是文化数字化生产力发展不充分的矛盾更加突出。

世界已进入数字化时代。相对于互联网时代将消费推向极致，催生一系列消费的新模式、新方式、新业态，数字化时代将生产推上新高度，生产方式的革命性变革，促进生产要素配置效率更高，创造生产力新形态——数字化生产力。换言之，互联网触及的是消费，数字化撬动的是生产，文化强国建设在数字化时代完全具备加速度的条件。

实施国家文化数字化战略是促进文化事业和
文化产业联动发展的有效途径

文化事业和文化产业是社会主义文化繁荣发展的"一体两翼"，文化事业支撑文化产业发展，文化产业反哺文化事业繁荣。我国是文明古国，也是文化资源大国，海量的文化资源大多数集中在公共文化机构，属于文化事业。这些年国家大力推动文化资源数字化，公共文化机构积攒了大量的文化资源数据，从中提取具有历史传承价值的中华文化元素、符号和标识，转化为文化生产要素，就可以为文化创新创造提供丰富多彩的文化素材，为激发全民族文化创新创造活力提供源头活水。

中办国办《关于推进实施国家文化数字化战略的意见》指出，统筹利用文化领域已建或在建数字化工程和数据库所形成的成果，全面梳理中华文化资源，推动文化资源科学分类和规范标识，按照统一标准关联零散的文化资源数据，关联思想理论、文化旅游、文物、新闻出版、电影、广播电视、网络文化文艺等不同领域的文化资源数据，关联文字、音频、视频等不同形态的文化资源数据，关联文化数据源和文化实体，形成中华文化数据库。

文化数据属于国家、民族的核心信息资源，特别是文化基因数据，地位同生物基因数据一样重要，保护文化基因如同保护生命。基于维护国家文化安全和意识形态安全考量，中办国办《关于推进实施国家文化数字化战略的意见》明确，依托现有有线电视网络设施、广电 5G 网络和互联互通平台，形成国家文化专网以及国家文化大数据体系的省域中心和区域中心，服务文化资源数据的存储、传输、交易和文化数字内容分发。鼓励和支持文化旅游、文物、新闻出版、电影、广播电视、网络文化文艺等领域的各类文化机构接入国家文化专网，依托信息与文献相关国际标准，部署底层关联服务引擎和应用软件，按照物理分布、逻辑关联原则，贯通已建或在建文化专题数据库，聚焦社会主义先进文化、革命文化、中华优秀传统文化，提取具有历史传承价值的中华文化元素、符号和标识，丰富中华民族文化基因的当代表达，增强对伟大祖国、中华民族、中华文化、中国共产党、中国特色社会主义的认同。

文化事业和文化产业在国家文化专网这条新"赛道"上，建立起联动、互动、相互促进、协调发展的机制。

实施国家文化数字化战略，目标是发力供给侧，充分运用现代科技成果，激活文化资源，萃取并关联中华文化元素、符号和标识，实现中华文化全景呈现，激发全民族的文化自豪感、自信心，并将其转化为建设社会主义现代化强国的强大精神动力。

实施国家文化数字化战略是文化数字化
生产力快速发展的必由之路

中办国办《关于推进实施国家文化数字化战略的意见》提出，推动文化机构将文化资源数据采集、加工、挖掘与数据服务纳入经常性工作，将凝结文化工作者智慧和知识的关联数据转化为可溯源、可量化、可交易的资产，分享文化素材，延展文化数据供应链，推动不同层级、不同平台、不同主体之间文化数据分享，促进文化数据解构、重构和呈现的社会化、专业化、产业化。

在推动数字化转型升级过程中，文化机构几乎都在建平台，投入很大，维护成本很高，还要想各种办法去引流，利用率不高。如果接入国家文化专网，导入文化大数据体系，每个文化机构就搭建起数字化文化生产线，完成数据从采集、解构、关联到重构、呈现，形成两类产品：一是文化资源数据，类似于种子；二是文化数字内容，类似于小麦或者面包。如果有文化资源，就加工数据，通过解构、关联形成文化资源数据，进入"数据超市"卖数据；如果没数据，就在"数据超市"购买数据，把它转化为文化数字内容，再进入"数据超市"交易。专业的工作由专业人员干，专业人员做擅长的工作，形成数字化时代分工新格局。

世界因互联而多彩，数据因关联而增值。文化数字化就是把数据关联起来，将凝结文化工作者智慧和知识的关联数据，转化为可溯源、可量化、可交易的资产，形成资产化的关联数据，从而获得数据变现收入。这是文化数字化的核心驱动力。为充分调动各方面的积极性，中办国办《关于推进实施国家文化数字化战略的意见》强调要健全文化资源数据分享动力机制，建立文化资源数据授权体系，引导法人机构和公民个人有偿授权。将文化资源数据分享纳入国有文化企事业单位绩效考核范围，鼓励公益性文化机构积极探索将文化资源数据分享和开发取得的收入用于事业发展的办法，合理确定绩效工资水平。地毯式扫数据，超大规模加工数据，将成为各类文化机构新的业务增长点。

数字化时代，数据是核心生产要素，数据关联是核心生产力，关联数据是核心资产。为加快文化产业结构调整和布局优化，中办国办《关于推进实施国家文化数字化战略的意见》明确，在文化数据采集、加工、交易、分发、呈现等领域，培育一批新型文化企业，引领文化产业数字化建设方向。

实施国家文化数字化战略的目标是
实现中华文化数字化成果全民共享

　　坚持以人民为中心，坚持把社会效益放在首位，文化数字化为了人民，文化数字化成果由人民共享，这是实施国家文化数字化战略的工作原则，更是实施国家文化数字化战略的重要目标。

　　文化重在体验，文化体验需要场景化。中办国办《关于推进实施国家文化数字化战略的意见》指出，集成全息呈现、数字孪生、多语言交互、高逼真、跨时空等新型体验技术，大力发展线上线下一体化、在线在场相结合的数字化文化新体验。利用现有公共文化设施，推进数字化文化体验，巩固和扩大中华文化数字化创新成果的展示空间，并提出利用两大类空间，搭建数字化文化体验的线下场景：一是文化教育设施，包括新时代文明实践中心、学校、公共图书馆、文化馆、博物馆、美术馆、影剧院、新华书店、农家书屋等；二是公共场所，包括旅游服务场所、社区、购物中心、城市广场、商业街区、机场车站等。

　　党的二十大报告指出，坚持以文塑旅、以旅彰文，推进文化和旅游深度融合发展。目前旅游景区大多数以自然景观为主，要了解历史人文，需要回到城市，进入博物馆等。文化数字化把文化遗产活化了，就可以在旅游景区复活历史文化，实现白天看景、晚上体验文化的目标。各地公共文化机构的藏品数据化，为沉浸式呈现地域文化创造了条件。

这些年，党中央提出红色文化进校园、优秀传统文化进校园以及戏曲进校园等要求，可不可以比照过去搞电教馆的模式，把电教馆改造成为沉浸式、互动型的文化体验馆，通过教育专网对接国家文化专网，把适合纳入国民教育体系的文化数字内容，源源不断地呈现于文化体验馆，让青少年零距离分享中华文化数字化成果。

中办国办《关于推进实施国家文化数字化战略的意见》强调：推动公共图书馆、文化馆、博物馆、美术馆、非遗馆等加强公共数字文化资源建设，统筹推进国家文化大数据体系、全国智慧图书馆体系和公共文化云建设，增强公共文化数字内容的供给能力。通过数字化手段促进城乡公共文化服务一体化发展。创新公共阅读和艺术空间，实施智慧广电固边工程，推进广播电视直播卫星公共服务升级，升级完善电影数字节目管理平台，探索公益电影多样化供给方式，加快农家书屋数字化建设，加强面向困难群体的公共数字文化服务。

随着国家文化数字化战略的深入实施，文化数字化生产力加速发展，数字化文化产品和服务越来越丰富多彩，人民群众无论何时何地使用何种方式，都可以方便快捷地分享中华文化数字化成果，全民共享指日可待。

第一章

文化数字化奏响"掘金"交响乐

统筹利用文化领域已建或在建数字化工程和数据库所形成的成果，全面梳理中华文化资源，推动文化资源科学分类和规范标识，按照统一标准关联零散的文化资源数据，关联思想理论、文化旅游、文物、新闻出版、电影、广播电视、网络文化文艺等不同领域的文化资源数据，关联文字、音频、视频等不同形态的文化资源数据，关联文化数据源和文化实体，形成中华文化数据库。

——《关于推进实施国家文化数字化战略的意见》

我国是文明古国，文化资源大国。将中华民族积淀了五千多年的文化资源，转化为具有文化内涵的数据，使其成为文化生产要素、文化创新创造的素材和源泉，从中提取具有历史传承价值的中华文化元素、符号和标识，就可以丰富中华民族文化基因的当代表达，增强对伟大祖国、中华民族、中华文化、中国共产党、中国特色社会主义的认同。

图、文、博主动对接中华文化数据库

公共图书馆、文化馆和博物馆，是我国公共文化领域最重要的三类机构。中办国办印发《关于推进实施国家文化数字化战略的意见》之后，图、文、博机构负责人纷纷表态，全面融入国家文化数字化战略。

截至 2021 年底，全国县以上公共图书馆自建数字资源总量达 2.5 万 TB，通过国家数字图书馆"文津"搜索系统整合共享馆藏元数据超过 3.8 亿条，一系列内涵丰富、特色鲜明的专题文化资源数据库建成发布，社交媒体信息、网络文学作品、短视频资源等现代数字文明成果不断被纳入各级图书馆馆藏，关联文本、图像、音视频等不同形态的图书馆资源数据体系日益完善，公共文化数字内容供给能力不断增强。国家图书馆熊远明馆长明确：打造一个物理分布、逻辑关联的数据中心，支持各级图书馆的数据资源采集、生产和加工。一方面突破图书馆传统的数据资源认知界限，在已有海量文本、图像及音视频资源的基础上，进一步将网络原生资源、科学数据资源、开放存取资源、个人创作资源等数据内容纳入图书馆数据资源建设范畴，与已有馆藏资源数据一起，进行统一揭示和集成管理，形成适应数据资源形态变化发展的立体化数据资源仓储管理体系；另一方面还要突破图书馆以往主要面向行业内部的资源合作共享格局，在集成各级图书馆数据资源建设和管理平台的基础上，营造开放多元的知识运营环境，推动建立贯通知识内容创作、发布、存储、传播、利用等全域链条的社会化合作机制，支持对全网公益性、非营利性、商业性知识内容的集成管理和多元供给。[1]

自 2002 年启动的文化共享工程，经过多年的建设，已建成的数字资源超过 1000TB。自 2020 年起，文化和旅游部全国公共文化发展中心引领文化馆行业加强全民艺术普及数字资源建设，截至 2021 年底，统筹整合入库音视频资源 43249 部（集），其中发展中心本级 13099 部（集）、地方 30150 部（集），资源来源包括 9522 场"村晚"活动资源、244 部"舞出中国红"广场舞展演活动资源及一批广场舞课程资源、457 部"大家唱"群众歌咏活动资源、125 个"百姓大舞台"网络群众文化品牌活动资源、310 名优

1　熊远明：《围绕国家文化数字化战略　积极推进全国智慧图书馆体系建设》，《中国图书馆学报》2022 年第 4 期。

秀"乡村网红"短视频资源、1700 名"学才艺"师资资源与 1100 门培训课程资源等。全国公共文化发展中心白雪华主任明确：将群众文化活动、群众文艺作品、艺术普及直播、艺术普及课程、艺术普及电子图书、全民艺术普及师资库、文化馆（站）行业信息等资源，按照统一的建设标准和总目录，整合形成全民艺术普及资源总库，按照物理分布、逻辑关联原则，与其他领域文化资源进行关联，汇入中华文化数据库，成为文化馆行业在国家文化数字化战略中的核心资产。**1**

全国 76.7 万处不可移动文物，1.08 亿件国有可移动文物，以及数量巨大的民间文物、散落海外的流失文物，共同构成了有待深入发掘利用的中华文化遗产资源宝库。中国文物保护基金会理事长、国家文物局原局长刘玉珠指出，中办国办印发《关于推进实施国家文化数字化战略的意见》，提出：到"十四五"时期末，基本建成文化数字化基础设施和服务平台，形成线上线下融合互动、立体覆盖的文化服务供给体系。到 2035 年，建成物理分布、逻辑关联、快速链接、高效搜索、全面共享、重点集成的国家文化大数据体系，中华文化全景呈现，中华文化数字化成果全民共享。数字经济孕育无限希望，文物数字活化拥有更大、更广平台。**2**

1　白雪华：《依托公共文化云　落实国家文化数字化战略》，《中国图书馆学报》2022 年第 4 期。

2　刘玉珠：《数字技术更好呈现文化遗产之美》，《新京报》2022 年 8 月 4 日。

———————— 专栏 1.1 ————————
纳入经常性工作

　　相对于公共图书馆、博物馆来说，文化馆在文化资源数字化转化方面有更广阔的空间。举凡地方特色文化资源、民族民俗文化资源、年事节庆文化资源、群众文化活动资源、艺术普及培训资源等，都是文化馆业务活动涉及的领域，也都是老百姓喜闻乐见的资源。问题是目前为数不少的文化馆对属于自身业务范围内群众又喜闻乐见的文化资源的识别、发现、挖掘、提炼和数字化转化的能力不足。因此，增强数字内容供给能力，对文化馆来说，重要的前提是落实《关于推进实施国家文化数字化战略的意见》提出的文化机构将文化资源数据采集、加工、挖掘与数据服务"纳入经常性工作"的要求。所谓纳入经常性工作，就要求有专门的发展规划，有专门的内设机构，有专门的人才队伍，有经费设备等专项保障。各级文化馆的内部组织结构要尽快向把数字化建设纳入经常性工作的方向迈进。

　　李国新：《公共文化数字化建设的新方向新任务》，《中国图书馆学报》2022 年第 4 期。

　　截至 2021 年底，全国博物馆机构数为 5772 个，藏品数量 4665 万件 / 套。[1] 南京博物院理事长、名誉院长龚良指出：数字化赋能博物馆，需要技术更新，更需要思路理念创新。在推进实施国

——————

[1] 《中华人民共和国文化和旅游部 2021 年文化和旅游发展统计公报》，文化和旅游部网站 2022 年 6 月 29 日。

家文化数字化战略的大背景下，博物馆更应该重视数字文化产品的广泛传播作用，把它作为博物馆展览展示展演的有效补充和吸引公众的重要手段，充分重视新征程中博物馆服务公众美好生活的需要。[1]

从 20 世纪 90 年代开始，敦煌研究院探索不可移动文物的数字化保护，与国内外高校及科研院所开展合作，形成了一套适合不可移动文物壁画数字化方法，建立了近百人的专业技术团队。2016 年 5 月，"数字敦煌"资源库上线，首次向全球免费共享了敦煌石窟 30 个洞窟的高清图像和全景漫游。[2]2022 年 12 月，基于敦煌学研究成果、石窟数字化海量资源，敦煌研究院与腾讯公司联合打造的数字文化遗产开放共享平台"数字敦煌开放素材库"上线，6500 余份来自敦煌莫高窟等石窟遗址及敦煌藏经洞文献的高清数字资源档案通过素材库向全球开放。敦煌研究院院长苏伯民指出，"数字敦煌开放素材库"是贯彻落实国家"促进文物'活起来'，提升中华文明国际传播力、影响力""实施文化数字化战略"的创新成果，期待以"数字敦煌开放素材库"汇合作之力、聚创新之势、谋共享之福，真正实现传统文化、数字技术和广大公众的互联互通，让敦煌文物数字化成果广泛惠及社会。[3]

1 《博物馆收藏的是过去和未来 如何提升影响力？南京博物院名誉院长龚良这样说》，转引自人民融媒体 2022 年 9 月 2 日。
2 吴健：《加强文物科技创新》，《人民日报》2022 年 3 月 28 日。
3 《全球首个基于区块链的数字文化遗产开放共享平台"数字敦煌开放素材库"今日正式上线》，敦煌研究院微信公众号 2022 年 12 月 8 日。

底层贯通图、档、博

图书馆、档案馆和博物馆（LAM）保存与保护着中华文明发展流长的历史遗产与文化资源，是珍贵的国家文化资源宝库。大家对图书馆和博物馆比较熟悉，相比较而言，对档案馆还是比较陌生的。

档案是历史的真实记录，蕴含着政治、经济、文化、社会等方面的内容，凝聚着中华民族的文化特质。中国人民大学原常务副校长、一级教授冯惠玲在一次研讨会上呼吁：中办国办《关于推进实施国家文化数字化战略的意见》点名众多文化机构参与，档案馆却遗憾地缺席，档案作为重要文化资源的性质没能体现。档案资源的独特价值在当前仍是被低估的，需要我们用积极主动地参与来改变这种局面。[1]上海大学文化遗产与信息管理学院教授周林兴、崔云萍强调：档案馆应主动对接各类文化机构，协调多方主体力量，形成文化数字化建设生态圈，打造中华文化全景呈现图景，为中华文化数据库的构建提供真实、完整、丰富的档案文化资源。[2]

图书馆、档案馆、博物馆的馆藏资源具有各自特性，存在一

---

[1] 冯惠玲：《持续深化档案数字化转型　参与国家大数据治理》，档案那些事儿微信公众号 2022 年 7 月 25 日。

[2] 周林兴、崔云萍：《档案馆是推进文化数字化的重要力量》，《中国社会科学报》2022 年 11 月 29 日。

定差异，同时图书馆、档案馆和博物馆经常采用各自开发的网络系统独立地为用户提供服务，一定程度上造成文化资源离散化，即某一文化资源在三馆中的展现形式不统一，如名人日记、手稿在图书馆中为文献资源，在博物馆中为文物资源，而在档案馆中作为档案资源出现；或是某一主题的文化资源分散存储在三馆中，在服务中出现功能与价值的碎片化。上海大学文化遗产与信息管理学院教授周林兴、张笑玮撰文指出：中办国办《关于推进实施国家文化数字化战略的意见》的出台，有助于推动建立起一套行之有效的三馆资源底层交互逻辑与标准，为之后的协同发展打下坚实基础，即通过建立统一可行的技术标准，以及知识图谱、语义发掘等技术的应用，有力打通图书馆、档案馆与博物馆在资源、管理、体制中的壁垒，提升 LAM 文化资源整合与开发的效率，赋能 LAM 文化资源的深层次、智能化开发。[1]

融通创新在"两河一山"

陕西渭南市实施"两河一山"文化数字记忆项目，通过具有地域特色的文化标识、鲜明的文化主题、统一的规划设计和相关技术标准的探索，全面整合了渭南地区"黄河文明""渭河文明""华山

---

[1]　周林兴、张笑玮：《国家文化数字化战略背景下图档博（LAM）协同发展研究》，《图书馆建设》网络首发 2022 年 12 月 29 日，https://kns.cnki.net/kcms/detai//23.1331.Gz.20221228.1350.001.html。

文明"历史遗存以及民间艺术、民间传说、历史名人、诗词歌赋等相关文化资源,是"全面梳理中华文化资源""关联形成中华文化数据库"以及"推动文化资源科学分类和规范标识,按照统一标准关联零散的文化资源数据"的实践性探索,为梳理中华文化精神谱系,延续历史文脉,弘扬时代价值,解决公共文化机构特别是公共图书馆数据库建设中各自为政、缺乏体系的"数字孤岛"问题,提供了经验借鉴。

"两河一山"文化数字记忆项目,统筹渭南地区公共图书馆、文化馆、博物馆、美术馆、非遗馆等机构的已建或在建数字资源成果,形成了十个专题数据库:**1**

1. 重点文物保护单位数据库。作为"两河一山"交汇之地,渭南现有不可移动的文物古迹 3697 处,其中国家级重点文物保护单位 61 处,省级文物保护单位 165 处,如以老官台文化、仰韶文化、龙山文化等为代表的农耕文明遗址,以魏长城遗址、仓颉墓与庙、西岳庙、党家村古建筑群等为代表的古建筑,以司马迁墓祠、桥陵、唐惠陵等为代表的古墓葬等。

2. 古代书院数据库。书院是中国古代重要的教育、学术、藏书机构,肩负着特殊的文化传承使命。自唐开元间(713—741)至清雍正十一年(1733),渭南地区书院可稽者五十余所,如(富平)南湖书院、湖山书院、(蒲城)尧山书院、(大荔)文介书院、

---

1 赵辉、段小虎:《落实国家文化数字化战略 守护华夏文明之根》,《中国图书馆学报》2022 年第 4 期。

（韩城）芝阳书院等。古代书院数据库建设将在保护传承优秀书院文化，推动文化史、教育史、学术史研究，强化公共图书馆社会记忆功能等方面发挥积极作用。

3.民间传说数据库。渭南民间传说多为大气磅礴的黄河文明和恢宏的华夏文明所孕育，如（富平）黄帝荆山铸鼎标志着"肇立华夏"，（韩城）大禹黄河治水彰显了"为万世开太平"的民族智慧，（白水）仓颉造字昭示着五千年华夏文明从此起步。此外，女娲抟土造人、沉香劈山救母等，展现出渭南深厚的文化底蕴和"华夏之根、文化之源、河山圣地"之美。

4.古代诗词歌赋数据库。渭南（合阳洽川）是中华第一诗——《诗经》开篇《关雎》的故事发生地。仅《全唐诗》就收录有数百篇咏山（华山）、咏关（潼关）、咏河（黄河、渭河）的诗词佳作。例如，杜甫在渭南一年创作《望岳》《潼关吏》《自京赴奉先县咏怀五百字》等近四十首诗作，留下了反映民生疾苦的名句——"朱门酒肉臭，路有冻死骨"；白居易在渭南居住十年，创作出《采地黄者》《村居苦寒》等二百余篇与渭南有关的诗作。此外，王维的《华岳》、韩愈的《华山女》、李商隐的《华山题王母祠》、王昌龄的《过华阴》、李世民的《入潼关》、李隆基的《傀儡吟》（咏合阳木偶戏）、魏征的《出关》等，如同"叙事文本"，折射出中华民族的沧桑巨变。

5.历史文化名城名镇名村数据库。渭南不仅有一批国家历史文化名城、名镇、名村（如韩城市、澄城县尧头镇、韩城市西庄镇党家村），省级历史文化名城、名镇、名村（如蒲城县、华阴市、

富平县美原镇、曹村镇、宫里镇和潼关县秦东镇等），还有为数众
多的国家级和省级"民间文化艺术之乡"，它们就像一部部"活着
的史书"，讲述着"隐于深街长巷处，匿于一砖一瓦中"的渭南故事。

6. 历史文化名人数据库。渭南有"三圣故里"和"将相之乡"
的美誉，除了字圣仓颉、史圣司马迁、酒圣杜康和隋文帝杨坚等，
还有宋代名相寇准等 80 多位宰相，唐代大将郭子仪、爱国将领杨
虎城等 300 多位将军，以及著名水利大师李仪祉等大批历史文化
名人，杰出的无产阶级革命家习仲勋也出生于渭南市富平县。

7. 渭南"非遗"数据库。渭南地区有国家级"非遗"17 项，
省级"非遗"数百项，涉及传统戏剧、民间文学、传统音乐、传统
舞蹈、传统技艺、传统医药、民俗等十个类别。其中，中国皮影戏
（联合申报）入选联合国教科文组织非物质文化遗产名录。"非遗"
数据库建设将梳理"非遗"历史渊源、传承谱系、基本内容、主要
特征、保护计划等。

8. 渭南古籍目录数据库。渭南古籍资源总藏量有十万余册，
其中，进入陕西古籍总目渭南分册的有 3500 册。古籍目录数据库
建设将统筹推进古籍普查登记、保护修复、数字化，其中部分古籍
可实现全文数字化。

9. 渭南传统戏曲剧目剧本数据库。渭南是著名的"戏曲之乡"，
在 17 项国家级"非遗"项目中渭南传统戏曲就占有 8 项，且大多
有剧史的本源性和剧种的独存性，如有"世界电影鼻祖"之称的华
县皮影戏，被誉为黄土高坡上"最早摇滚"的华阴老腔等。传统戏

曲剧目剧本数据库建设，将更好地发挥戏曲艺术"举精神之旗，立精神之柱，建精神家园"的积极作用，推动渭南戏曲传承发展。

10. 渭南红色文化资源数据库。1919—1949 年间，渭南留下了大量红色革命故事、红色文化遗迹和红色文献资源，如宣化事件、渭华起义、八路军东渡黄河、八路军 120 师抗日誓师纪念地、智取华山、富平县爱国主义教育基地等，还有革命战争、抗日战争和解放战争时期遗存的大量红色文献资源。渭南红色文化资源数据库建设将在保存红色文化基因、弘扬红色文化时代价值等方面发挥积极作用。

焕发生机的文化宝库

除公共图书馆、文化馆、博物馆、档案馆、美术馆、非遗馆等机构，中华文化瑰宝到处都是，仅举几例：

——地方志：云南省地方志编纂委员会办公室实施方志全文数据化项目，对《新纂云南通志》《续云南通志长编（85 版）》和 227 部省、州（市）、县（市、区）三级综合志书，以及《云南年鉴》等方志资料进行全文扫描、校对、加工，形成电子文档 40 余万页，实现了地方志数字化存储、使用。[1]

——电影资料馆：中国电影资料馆作为中国电影文化遗产的

---

[1] 《云南省地方志办公室依托新媒体实现地方志工作新突破》，中国方志网 2022 年 9 月 19 日。

"国库"，保存有 2.78 万部自 20 世纪初以来的中国影片。中国电影资料馆贯彻党的二十大精神，挖掘电影档案中蕴藏的中国电影文化精髓和中华文明的精神标识，让珍贵的电影文化遗产在新时代焕发生机，同时积极投身国家文化数字化战略，积极探索民族数字影像基因库研发，以数字赋能中国优秀电影文化更好构筑中国精神、中国价值、中国力量。[1]

——中央主要新闻单位媒资库：人民日报图文数据库收录《人民日报》1946 年创刊至今七十多年来的新闻报道，是一座大型的、纪实的、珍贵的资料库。新华社所属的中国照片档案馆是世界上最完整、最系统、最全面的中国历史照片总汇，馆藏照片涵盖了自 19 世纪下半叶以来各类中外珍贵历史资料图片 1500 余万底。[2] 中央电视台广播电视音像资料馆将早期的 2 吋带、3/4 吋磁带全部抢救完毕，近 70 万盘磁带完成数字化转储，其中包括大量反映中国地理风光、生态植被、文化建筑的拍摄素材。[3]

——音乐录音档案：2022 年 4 月，中国艺术研究院上线传统音乐的新网站"世界的记忆——中国传统音乐录音档案"。中国艺术研究院组建了由音乐学家、音响工程师、音响档案资料管理员三

1　孙向辉：《凝心聚力推进文化自信自强，奋力走好新时代电影赶考之路》，《中国电影报》2022 年 11 月 2 日。
2　《新闻信息产品》，新华社网站新闻信息服务专栏，http://nis.xinhuanet.com/202004new/xwxxcp.htm。
3　《CCTV 副台长胡恩作主旨演讲：使命与责任》，央视网（CCTV.com）2009 年 10 月 24 日。

合一的专业团队，经过不懈努力建成了一个数据量庞大的音频专业数据库，面向全社会、全世界开放使用。[1]

专栏 1.2
健全文化资源数据分享动力机制

　　建立文化资源数据授权体系，引导法人机构和公民个人有偿授权。将文化资源数据分享纳入国有文化企事业单位绩效考核范围，鼓励公益性文化机构积极探索将文化资源数据分享和开发取得的收入用于事业发展的办法，合理确定绩效工资水平。

——《关于推进实施国家文化数字化战略的意见》

　　——出版物数据库：在出版领域具有一定规模的数据库已经不少，比如，在期刊领域，有同方知网、万方数据、龙源期刊、维普期刊等大型期刊数据库，在图书领域，有综合性的国家数字图书馆、读秀网、掌阅科技、中文在线、方正电子书等图书数据库，专题性的如人民出版社的中国共产党思想理论资源数据库、科学出版社的科学文库、社会科学文献出版社的皮书数据库等，以及专业性的如中华古籍资源库、爱如生、翰堂典藏、书同文等古籍数据库等，还有许多出版社、报社建设了自己的数据库，这是其他文化领域难以比拟的，由此可以说出版业的数字化、标准化、碎片化工作

1　《"世界的记忆——中国传统音乐录音档案"数字平台上线发布》，文化和旅游部网站 2022 年 4 月 24 日。

已经取得了很大进展，实现了物理分布的目标。这些出版数据库离逻辑关联、全面共享的要求还很远，出版的大数据体系远未形成，因此有必要按照中办国办《关于推进实施国家文化数字化战略的意见》的要求，对现有各类出版数据库进行再造与提升，进而形成出版领域的关联数据库——出版物数字资源总库。 **1**

海量呈现的全国性普查数据

全国性文化资源普查，包括历次全国文物普查，原文化部以及现在的文化和旅游部开展了的非物质文化遗产资源普查、地方戏曲剧种普查、美术馆藏品普查、古籍普查等。

新中国成立以来，国家已组织开展多次文物普查。

1956 年至 1959 年，全国第一次文物普查，基本摸清了各地文物分布，为征集、展览、保护、发掘及科学研究提供了参考。

1981 年至 1985 年，我国进行了第二次全国文物普查和文物复查。共调查登记不可移动文物 40 余万处，公布 2351 处全国重点文物保护单位，8000 余处省级文物保护单位，60000 余处市县级文物保护单位。

2007 年至 2011 年，全国第三次文物普查。与前两次普查相比，第三次普查规模更大，涵盖内容更丰富，普查技术更先进。

---

1 魏玉山：《落实国家文化数字化战略　建设国家出版物数字资源总库》，《出版发行研究》2022 年第 6 期。

国家文物局表示，第三次普查堪称世界上最大规模的不可移动文物资源调查工作，中央和地方各级财政累计投入普查经费 15 亿元，实现了全国 2871 个县级普查基本单元不漏行政村、自然村，覆盖率和到达率均突破了历史纪录。全国登记的不可移动文物共766722 处（不包括港澳台地区，下同），包括古遗址 193282 处、古墓葬 139458 处、古建筑 263885 处、石窟寺及石刻 24422 处、近现代重要史迹和代表性建筑 141449 处，其他类型 4226 处。这次普查共制作电子数据包 2868 个，其中文本文件 462.1 万个，各类图纸 156.8 万幅，照片 228.1 万张，所占空间近 8 TB。[1]进一步廓清了全国不可移动文物家底——取得了近 77 万处不可移动文物的基础信息和翔实数据，包括总量、分布、类型、年代、所有权、使用情况、人文环境、自然环境、保护级别、保护状况、破坏因素等。

我国拥有丰富多彩的非物质文化遗产。[2]2005 年至 2009 年间，开展了首次全国性非遗资源普查，登记非遗资源总量近 87 万项，较为全面地掌握了各地区、各民族非遗资源的种类、数量、分布等

1　杨雪梅：《第三次全国文物普查数据正式发布全国不可移动文物"家底"》，《人民日报》2011 年 12 月 30 日。
2　2020 年末，全国共有国务院公布国家级非遗代表性项目 1372 项，共有文化和旅游部认定国家级非遗代表性传承人 3068 名。全国列入联合国教科文组织人类非物质文化遗产代表作名录（名册）42 项，位居世界第一。数据来源：《中华人民共和国文化和旅游部 2020 年文化和旅游发展统计公报》，文化和旅游部网站 2021 年 7 月 5 日。

情况。同时，实施非物质文化遗产记录工程，已汇集民间文学、民俗类 685 项国家级非遗代表性项目记录成果信息 12108 条，通过中央财政累计投入 5.45 亿元，支持对 1363 名国家级非遗代表性传承人开展记录，用数字多媒体等现代化手段，以口述片、项目实践片、传承教学片等形式，记录和保存了一批代表性传承人所承载的独到技艺、文化记忆。[1]

表 1.1　中央宣传文化单位数据库清单

文化单位名称	数据库内容
中国民族民间文艺发展中心	中国民族民间文艺基础资源数据库
故宫博物院	中华传统纹样元素
国家博物馆、中国美术馆、中国国家画院、梅兰芳纪念馆	藏品图像等信息
国家图书馆	自建数字资源
全国公共文化发展中心	公共数字文化工程建设的数字资源
中央广播电视总台	珍贵历史影像资源、优秀文化类节目、纪录片等媒资库数据
中央新闻纪录电影制片厂（集团）	红色经典影像、珍贵历史影像、优秀科普影像
中国出版集团公司	包括文化符号、典籍、石刻、木版等在内的 20 多个数据库

---

[1] 《文化和旅游部关于政协十三届全国委员会第三次会议第 2361 号（文化宣传类 125 号）提案答复的函》，文化和旅游部网站 2020 年 9 月 24 日。

文化单位名称	数据库内容
中国数字文化集团公司	包括中国戏曲音像库、中国戏剧音像库、中国音乐音像库、中国舞蹈音像库在内的国家舞台艺术音像库
中国唱片集团公司	中华民族音乐与戏曲资源库及中华老唱片数字资源库

2015 年至 2017 年，文化和旅游部在全国范围内开展了地方戏曲剧种普查，普查出 348 个戏曲剧种，为全面展现地方戏曲剧种的历史与现状，推广普及戏曲艺术，目前正组织编写《中国戏曲剧种全集》，共计 350 册。组织建设民族音乐数据库，已收集音频资料 10 万余段、视频资料 3000 余条、乐谱 2 万余册、书籍 7000余本、论文 3 万余篇，内容涉及民族音乐领域代表性乐曲、乐谱、乐团、乐人、乐事和民族音乐理论研究的学术成果。[1]

2013 年 11 月，原文化部发布开展全国美术馆藏品普查的通知，明确普查时点为 2013 年 12 月 31 日，普查范围包括我国境内（不包括港澳台地区）文化行政主管部门归口管理的各级各类国有美术馆（含书画名家纪念馆、艺术馆），普查登录内容包括藏品名称、类别、作者、创作年代、质地、尺寸、质量、主题、工艺技法、形态、题识、完残程度、保存状态、实际数量、来源方式、收

---

[1] 《文化和旅游部关于政协十三届全国委员会第三次会议第 2361 号（文化宣传类 125 号）提案答复的函》，文化和旅游部网站 2020 年 9 月 24 日。

藏单位、入藏时间、藏品编号等，同时收集藏品图像资料和收藏单位主要情况，普查工作从 2013 年 3 月开始，2016 年 12 月 31 日结束。这是新中国成立以来首次针对国有美术馆藏品进行普查，藏品涵盖绘画、书法篆刻、雕塑、工艺美术、设计艺术、民间美术等各种类型的美术作品，普查对每一件美术作品采集文字信息和影像信息，经过汇总整理，形成国家美术藏品基本数据库。

全国美术馆藏品普查办公室发布的简报显示，截至 2018 年 12 月，全国共有 325 家美术馆登录普查数据平台并完成了单位基本信息的初始化。已在线报送藏品数据 414812 条，其中美术藏品数据 400054 条，其他藏品数据 14758 条。藏品实际数量 592663 件，藏品图片 820288 幅，数据总量 6.9TB。[1]

2020 年，全国古籍普查完成汉文古籍 270 万余部。一是开展古籍资源普查。我国的 300 万部 3000 多万册汉文古籍，2020 年底已经完成 90% 的普查任务，古籍登记累计 270 余万条，24 个省份基本完成汉文普查，2760 家古籍存藏单位完成普查登记；登记完成后按照省份汇总在一起，陆续开展《中华古籍总目》分省卷的编纂工作。二是建立中华古籍保护数字资源库，全国在线发布古籍数字资源累计超过 7.2 万部。[2]

1　全国美术馆藏品普查工作办公室：《全国美术馆藏品普查工作简报（第六十一期）》2018 年 12 月 27 日，http://ccamc.mct.gov.cn/pcb/tongzjb/201812/2fdb3b8e29464b7fa2ba364721292a70.shtml。
2　《第六批国家珍贵古籍名录和全国古籍重点保护单位名单新闻发布会》，文化和旅游部网站 2020 年 11 月 13 日。

源于文化资源的三座"金山"

全面梳理中华文化资源，目的是从文化资源中"萃取"数据，犹如"掘金"，相伴而生的是矗立起三座"金山"。

第一座"金山"是中国文化遗产标本库。基于历次全国性文化资源普查的数据（包括古籍、文物、美术馆藏品、地方戏曲、非物质文化遗产等普查已经获得的数据），按照国家文化大数据标准，结构化存储于服务器，并通过国家文化专网实现共享的数据。换言之，把国家历次文化资源普查所获取的数据实现全国联网，自然就形成中国文化遗产标本库。

第二座"金山"是中华民族文化基因库。中华文明绵延数千年，有自己独特的精神追求和文化基因，这是中华民族为人类文明贡献的精神财富，也是中华民族生生不息、发展壮大的精神滋养。把中华民族的文化元素、文化符号和精神标识标注出来，按照一定的规则排列起来，就形成了中华民族文化基因库，为中华优秀传统文化创造性转化和创新性发展提供基本标引。

第三座"金山"是中华文化素材库。以文化资源数字化成果为原料，集成运用各种新技术，萃取中华文化之要素，并分门别类标签化，进而形成可组合使用的素材库。按照文化呈现要素，中华文化素材库可划分为中华字库、中华音库、中华像库、中华乐库、中华舞库、中华剧库等。中华文化素材库的来源是多元的，中国文化遗产标本库和中华民族文化基因库的数据是重要来源，文化企事业单位已建成的文化艺术、新闻出版、广播电视、网络视听、电影等数据库也是重要来源。相关数据通过国家文化专网实现共享。

不同于一般意义上的素材库，中华文化素材库忠实于本体，具有本源性、真实性：对应于物质文化遗产，必须是"原模原样"；对应于非物质文化遗产，必须是"原汁原味"；从影像中萃取，必须是"真人真事"；从艺术品萃取，必须是"真品真迹"。依托这座文化"金山"，将中华文化元素、符号和标识融入内容创作生产、创意设计以及城乡规划建设、生态文明建设、制造强国、网络强国和数字中国建设，文化生产及再生产必将跨入新时代：

——在文化创作上，文化资源的集成、集聚及展示和交易极大地丰富了创作素材，有利于激发创作灵感、缩短创作周期、避免凭空"杜撰"；

——在文化生产上，文化资源转化为文化生产要素，既盘活了存量资源、缩短了生产周期、提高了生产效率，又避免了技术和艺术的脱节，为文化产品和服务植入文化的"根"；

——在文化传播上，中华文明成果以数字化形态呈现，顺应了文化传播多渠道、多载体趋势，提升了中华文明的展示水平；

——在文化消费上，数字化文化产品和服务"无缝对接"任何文化消费终端，使文化消费更加便捷，随时随地、即时可得。

第 二 章

打牢文化数字化"底座"

依托现有有线电视网络设施、广电 5G 网络和互联互通平台，部署提供标识编码注册登记和解析服务的技术系统，完善结算支付功能，形成国家文化专网。

依托信息与文献相关国际标准，在文化机构数据中心部署底层关联服务引擎和应用软件，按照物理分布、逻辑关联原则，贯通已建或在建文化专题数据库。

——《关于推进实施国家文化数字化战略的意见》

这些年，各级各类文化机构推动文化数字化，建成了若干数据库或媒资库，积攒了海量的文化资源数据。随之而来的问题，数据是海量的，但大都是自建自用，使用率很低，形成一个个"数据孤岛"。如何贯通这些"数据孤岛"？中办国办《关于推进实施国家文化数字化战略的意见》给出了技术解决方案——打牢文化数字化"底座"，即形成国家文化专网、加强标识解析体系建设。

有线电视网络的新功用

我国目前的网络基础设施是三层次结构：第一层次是公网，以电信网络为基础；第二层次是内网，以服务党政军机关为要务；第三层次是专网，以有线电视网络为基础。

有线电视网络始建于 20 世纪 80 年代，即部分企事业单位投资建设的闭路电视系统。20 世纪 90 年代，原国家广电部组织规划并建设行政区域性的有线电视系统。截至 2021 年底，已建成 4 万多公里的国干网、220 多万公里的省干网以及覆盖全国 3.36 亿家庭用户的接入网。[1]

---

[1] 《紧抓国家文化数字化战略新机遇　为广电网络转型发展注入新动能》，《广播电视网络》2022 年第 8 期。

专栏 2.1

网络也是有边界的

现在一提到网络，就默认为互联网。任何一个国家都是有边界的，网络也是有边界的，每一个国家的文化都蕴含着最刻不容缓、不可或缺的文化安全的战线与底线，物理世界不能走私偷运国家的一级文物，数字世界也是同样的道理，所以说我们有必要形成国家的文化专网。

包冉：《解读〈关于推进实施国家文化数字化战略的意见〉》，《网络视听生态圈》2022 年 5 月 29 日。

全国有线电视网络成"目"字形，南北向一侧，沿京广线从北京经河北、河南、湖北、湖南直到广州，另一侧沿京沪线经天津、河北、山东、安徽、江苏到达上海后，再由杭州、温州，沿海岸线进入福州，然后经福州、泉州、厦门、漳州，从绍安出闽进入广东到汕头，与京广线形成大环路。沿浙赣线及安徽另建东西方向两条通道。

提起有线电视网络，多数人第一印象首先是电视机、看电视。这是误解。其实接电视机的那根线（有线电视网络），同原来接电话机的那根线（电信网），在功能上是一样的，都是传输信号，所不同的是，原来接电话机的那根线，并没有接电视机的那根线"粗"，因为电话是语音，电视是图像，传输视频比音频"带宽"要求高。当然，随着技术进步，光纤传输已普及化，光纤入户已普遍化，电信网和有线电视网络在技术上已经差别不大，但有线电视网络的"闭环"属性并没有因此发生改变。

恰恰是属性上的"闭环"，使有线电视网络成为数据安全的"天然屏障"。换言之，在目前的技术条件下，有线电视网络同电信网、互联网一样具有数据传输功能，但在数据安全上，有线电视网络具有明显优势。

专栏 2.2

国家文化专网如何保障数据安全

比起互联网，国家文化专网更能保护文化数据安全。

（1）国家文化专网建立在有线网络的基础上，而有线网络由于不对外资开放，是完全自主，且与互联网是物理隔离的。

（2）国家文化专网采取生产闭环，消费开环模式。也就是说，各大文化机构将文化数据接入文化专网，所有的数据生产加工都在专网闭环的内部完成，而生产出来的文化内容产品，则与互联网消费平台对接。

（3）数据分布式储存。不把所有数据放在一个数据库里，全国各地的文化数据，储存在当地的数据中心，再经由文化专网的八大区域数据中心全国连通。

（4）应用中国主导制定的 ISLI 标识解析系统，每个数据都有唯一标识符号，未经授权而获取的数据，不被解析系统识别，从而确保数据所有权，保障数据安全。

金一帆：《国家文化专网》（下），小金走四方微信公众号 2022 年 9 月 11 日。

　　2013 年 7 月，在没有任何国际先例可循的情况下，由国家发展改革委立项，全球首个远距离量子通信国家干线网"京沪干线"建设项目正式启动，连接北京、上海，贯穿济南、合肥、无锡等地，可为沿线城市间的金融机构、政府及国家安全部门提供高速、高安全等级的信息传输保障。中国有线电视网络有限公司是"京沪干线"项目的重要合作单位，依托中国有线运营的国家广电光缆干线网，为"京沪干线"提供了全长 2000 多公里的光纤线路、32 个节点的机房服务等通信基础资源，以及北京、上海、无锡等地的城域光纤网络资源。[1] 量子通信是迄今唯一被严格证明无条件安全的通信方式，可以有效解决信息安全问题，我国的量子通信已经走在了世界前列，并持续保持着其优势地位。

　　文化数据属于国家、民族的核心信息资源，特别是文化基因数据，地位同生物基因数据一样重要，保护文化基因如同保护生命。出于国家文化安全考虑，要依托现有的有线电视网络设施，打造一张同公网并行的专网——国家文化专网。

　　依托有线电视网络而形成的国家文化专网，在保障数据安全方面具有天然优势。根据我国签署的世界贸易组织（WTO）协议，有线电视网络不对外资开放，是完全掌控在我们自己手上的一张独立的专网，是国家战略性战备资源。一旦遇到紧急状态，或电信网

<hr>

[1]　中国广电：《中国广电参与建设的量子保密通信"京沪干线"在中国人民银行支付系统中发挥重要作用》，中国广电微信公众号 2021 年 8 月 5 日。

被关闭，或互联网被中断，有线电视网络就像一条"政治生命线"，确保党和政府与人民群众之间的联系畅通无阻。互联网时代保护个人信息安全、维护金融财经数据安全越发重要，有线电视网络的专网和战备属性，使其在保障数据安全、管控互联网传播平台等方面能够发挥独特作用。

国家文化专网的基本功能

2018 年底，中央经济工作会议提出建设新型基础设施（简称"新基建"）。2020 年 3 月，为了应对新冠疫情，统筹疫情防控和经济社会发展，中央政治局常委会会议明确要加快建设新基建，包括 5G 和数据中心建设。2022 年 3 月，中办国办《关于推进实施国家文化数字化战略的意见》明确，到"十四五"时期末，基本建成文化数字化基础设施和服务平台。国家文化专网是宣传文化战线的新基建，目的是为了适应新时代文化建设的新要求，顺应文化和科技深度融合的新趋势，夯实宣传文化事业发展的数字化基础。

2020 年 10 月，中国广电网络股份有限公司在北京成立，公司注册资本金额 1012 亿元人民币，发起人共有 46 家，包括中国广播电视网络有限公司、战略投资者、持有或合计持有非上市省级有线电视网络公司 51% 股权股东、已上市网络公司等，中国广播电视网络有限公司为第一大股东，持股 51%。"全国一网"的整合完成，为打牢文化数字化"底座"奠定了坚实基础。

有线电视网络国干传输网共有光缆干线网超 4 万公里，可通达各省市；省级干线网光缆长达 220 万公里，省会中心机房以环状或网状方式通达各地级市，进而延伸到县，实现了中央、省、市、县的四级干线贯通。通过"全国一网"整合，在互联互通方面，可使得原有独立经营的省网公司实现全国连接，全国有线网实现中央、省、市、县的四级贯通，保障了全国业务能实现"一点配置、全网联动"。在中国广电网络股份有限公司的统筹下，各省网公司依托全国有线电视网络设施、广电 5G 和互联互通平台，建设国家文化大数据体系的省域中心和区域中心，服务文化资源数据的存储、传输、交易和文化数字内容分发。

国家文化专网具有以下基本功能：一是接入服务，即各级广电网络公司把各级各类文化机构都接入国家文化专网，在一个闭环系统汇集、加工文化资源数据；二是存储服务，即各级广电网络公司为文化机构数据存储提供服务器租赁服务；三是算力服务，即在国家文化大数据体系区域中心建设具备云计算能力和超算能力的文化计算体系，构建一体化算力服务体系；四是分发服务，即各级广电网络公司链通各级各类文化消费场所，并与互联网消费平台衔接，多网多终端分发文化数字内容。

专栏 2.3
建设国家文化专网，共建数字文化生态圈

中国广电将着力实施"算力云网"强基工程，充分集约复用现有设施资源，加快建设互联互通、安全可靠的国家文化专网。

1. 加速有线电视网络升级。中国广电以 IP 化、云化、智慧化、融合化为方向，立足云网协同，加快推进有线网络升级改造。重点实施广电国家干线网扩容升级项目，推进国家干线网"五横五纵"扩建并持续演进，建设 IP 骨干网（CBNET），促进全国有线网络、广电 5G 全程全网和互联互通，推动部署千兆光纤网络，加强有线接入网升级，通过复用有线网络形成国家文化专网基础能力，贯通各类文化机构。

2. 全面启动广电 5G 商用。通过与中国移动共建共享，中国广电用最短时间、最低成本建成了高品质广电 5G 网络，全国 31 个省区市全部开通广电 5G 服务网络，广电网络初步形成"有线 +5G"融合发展新格局，为文化数字化内容跨屏、跨网、跨终端的呈现提供支撑。

3. 规划建设一体化算力体系。中国广电将规划建设"算网融合、云网一体"的新型算力网络，积极参与建设国家文化大数据全国中心，组织各省网公司统筹规划建设省域中心和区域中心，加快布局云计算和超算能力的文化计算体系，不断提高广电网络广电云平台的服务支撑能力，打造数字化、自动化、智能化的算网大脑。

《宋文玉出席中国国际数字经济博览会》，中国广电微信公众号 2022 年 11 月 17 日。

上述四项基本功能都是依托现有设施提供的，不搞重复建设：接入服务利用广电网络公司现有的光线资源，为百万家文化机构提供服务；储存服务主要为不具备建设数据中心的中小文化机构提供，目前已研制出一体化机柜，价格适中，可在全国范围内推广；算力服务目前可利用部分广电网络上市公司已建成的大型数据中心进行部署；分发服务更是广电网络公司的优势，就是将文化数字化成果分发到学校、公共文化机构、影剧院、旅游景区、社区、购物中心、商业街区、机场车站等，为广电网络公司开辟广阔的业务空间。

江苏省广电有线信息网络股份有限公司积极探索国家文化大数据华东区域中心的建设任务，根据"三步走"的建设规划，正着力推进华东区域中心的云平台、"三库"及国家文化专网的建设，并全面落实工作部署，已率先完成了华东区域中心一期建设。江苏有线三网融合数据中心作为核心工程，采用了四层独立建筑，建筑面积超 40000 平方米，涉及机架 500 余台，采用了国家 A 等级、国际 T4 等级建设标准。目前，已实现部署的涉及底层集成系统、中华民族红色基因库、文化标识服务系统、同一用户管理系统、文化数据确权系统、数据管理系统等华东区域中心的上层应用搭建，其中中华民族红色基因库（一期）工程汇集了雨花台烈士纪念馆、新四军纪念馆、淮海战役纪念馆等相关单位数字化内容。在国家文化专网建设方面，江苏有线按照摸底调研、先试先行、规模铺开的路径，完成了南京、苏州两地的 60 余家文化单位互联互通，并实施全省文化专网覆盖工程，还与浙江、上海等地开展了华东区域的文化专网互联互通工作。江苏有线还积极对接全国文化大数据交易中心平台，助力文化机构开设"数据超市"，以进行数据交易。在文化装备产品研发方面，江苏有线依托华东区域中心建设成果，研发推出了国家文化大数据一体化机柜、红色基因库党建一体机等文化大数据创新产品。[1]

文化数字化采用标识解析

中办国办《关于推进实施国家文化数字化战略的意见》明确的首要任务，就是关联形成中华文化数据库，包括关联零散的文化资源数据，关联思想理论、文化旅游、文物、新闻出版、电影、广播电视、网络文化文艺等不同领域的文化资源数据，关联文字、音频、视频等不同形态的文化资源数据，关联文化数据源和文化实体。具体路径是，按照物理分布、逻辑关联原则，汇集文物、古籍、美术、地方戏曲剧种、民族民间文艺、农耕文明遗址等数据资源，贯通已建或在建文化专题数据库。

———— 专栏 2.4 ————

一体化机柜是链接文化企业和文化专网的纽带

"全"：说得更确切一些，一体化机柜就是一个缩小版的模块化机房，它包含了通用机房需要具备的 UPS 电源、蓄

---

[1] 姜龙：《赓续文脉，数智赋能，探索文化数字化江苏新实践》，DVBCN 中广 5G 微信公众号 2022 年 11 月 18 日。

电池、温控系统、消防系统、全封闭的冷热通道等，方便文化企业在不具备专业机房的条件下，进行 IT 设备的运维管理。

"快"：一体化机柜配置了鲲鹏服务器、光传输、交换机、虚拟化系统以及部署底层关联集成系统，作为文化大数据接入网关，支撑文化企业快速接入文化专网，向文化场所提供 ICT 服务。

"简"：一体化机柜具有部署简捷：一体化集成，节省占地 50%；自带消防：模块即插即用免改造，精准保安全；运维简单：多网点可远程统一管理，故障响应提速 75% 等优势。

华为助力国家文化大数据体系建设：《技术赋能文化，筑牢精神家园》，华为中国政企业务微信公众号 2022 年 12 月 15 日。

怎么关联？如何贯通？这就要依靠标识解析体系发挥作用，关联需要部署底层关联服务引擎和应用软件，贯通需要部署提供标识编码注册登记和解析服务的技术系统。

提起标识解析，估计很多人会感到陌生，但对互联网域名解析应该很熟悉。当用户访问一个网站，需要输入域名，比如伏羲云，服务器会把域名解析到一个 IP 地址。通俗地说，将便于记忆的域名转换为机器可以识别的 IP 地址，这个过程就叫域名解析。域名的解析是由 DNS 服务器完成的。

不同于互联网域名解析，文化数字化采用标识解析。

标识编码是标识解析的基础。所谓标识编码，就是给每一个数据分配唯一可读的标识符，这个标识符类似于"身份证"。迄今为止，国际标准化组织（ISO）在信息与文献领域发布了 12 项标识符国际标准，比如每本书的书号，采用的是 ISBN，每种杂志的刊号，采用的是 ISSN。ISBN 和 ISSN 都是国际标准化组织发布的标识符国际标准。2015 年，国际标准化组织发布 ISO 17316：2015 Information and documentation International Standard Link Identifier（简称 ISLI，ISO 为国际标准化组织，17316 为标准代号，2015 是标准的版本 / 年号），这是由我国提案创建的信息与文献国际标准，也是信息与文献领域唯一标识实体之间关联关系的全球通用标识符。

中办国办《关于推进实施国家文化数字化战略的意见》提出的全面梳理中华文化资源，推动文化资源科学分类和规范标

图 2.1 国际标准关联标识符（ISLI）功能

识，按照统一标准关联形成中华文化数据库，这里所说的"统一标准"，就是依托我国提案创建的 ISLI 国际标准，但不替代各个行业正在执行的标识符标准。两办文件提到的"依托信息与文献相关国际标准，在文化机构数据中心部署底层关联服务引擎和应用软件"，"相关国际标准"也是指 ISLI；"依托现有有线电视网络设施、广电 5G 网络和互联互通平台，部署提供标识编码注册登记和解析服务的技术系统"，所指的技术系统即是 ISLI 底层技术系统。

一旦有线电视网络设施部署了这套技术系统，有线电视网络就改造成为国家文化专网；部署了底层关联服务引擎和应用软件的各类文化机构，接入国家文化专网，就可以在闭环系统从事数据的采集、关联、重构、呈现、交易。

部署统一的 ISLI 注册系统

在标准领域，特别是技术标准领域，随着技术迭代更新，很多标准也会被淘汰。信息与文献领域的标识符一经被广泛应用，便成为"唯一 + 稳定"的标准，它自身可以升级，但不可以被替代。标准创建者的地位也是稳定的。在信息与文献标识符领域，凡对标准的唯一性、使用的规范性特别需要维护的标识符，国际标准化组织便会为其设立一个"国际注册权利机构"（Registration Authority，简称 RA），比如 ISBN RA，ISSN RA。RA 是标准应用规则的制定者、标准应用的认定者和标准应用数据的汇聚者。凡是使用标识符国际标准，必须按 RA 制定的规则，向 RA 提供相关元数据信息。国际标准化组织为 ISLI 设立了 RA，ISLI RA 设在我国的香港地区，底层技术系统提供商（TP）为设在我国境内的公司。

2022 年 8 月，ISLI RA 授权中国公共关系协会文化大数据产业委员会，设立 ISLI 区域 / 行业注册机构，即 ISO 17316-ISLI-DRA，在 ISLI RA 业务框架和规定的范围内，承担中国国家文化大数据体系领域的 ISLI 注册管理业务。

中国公共关系协会是中宣部主管的全国性、行业性、非营利性社会组织，下设 10 个专委会，文化大数据产业委员会是其中之一，具体负责为成员单位提供联络、沟通、协调、服务，协同推进国家文化大数据体系建设；组织成员单位推广信息与文献关联标识符国际标准，加强标识解析体系建设；组织成员单位在数据采集加工、数据交易分发、数据传输存储、数据治理等环节，研究制订并发布国家文化大数据团体标准，通过宣传、培训、示范等方式推广应用；为实施国家文化数字化战略、建设国家文化大数据体系提供专业性咨询服务。

为组织成员单位推广我国提案创建的 ISLI，加强标识解析体系建设，承接 ISLI RA 授权的 ISLI 注册管理业务，中国公共关系协会文化大数据产业委员会设立国家文化大数据标识注册中心，依据《ISO 17316（ISLI）DRA 协议》部署统一的 ISLI 注册系统，同部署在有线电视网络设施的提供标识编码注册登记和解析服务的技术系统，以及部署在文化机构数据中心的底层关联服务引擎和应用软件实现无缝衔接，对国家文化大数据体系中的文化数据、参与者、载体、时间、事件和位置等实体进行标识，对国家文化大数据体系中文化大数据实体关联关系进行标识。

国家文化大数据标识注册中心始终把社会效益放在首位，遵循社会公共利益优先原则，促进公共文化资源数据依法依规向公众开放，保障公共文化资源数据安全，维护国家文化大数据体系运转的公开、公正、公平、有序、透明。国家文化大数据标识注册中心建设以 ISLI 注册服务为基本业务的门户网站——伏羲云（www.fxiyun.com），向 ISLI 用户提供身份注册和 ISLI 关联编码登记服务，向用户提供 ISLI 关联编码元数据检索和查询服务，用户输入 ISLI 编码标识对象名称，页面显示该标识对象在 ISLI 注册系统登记的公开元数据内容，能让用户查找与某个元数据相关的 ISLI 编码。

为提高标识解析服务的效率，国家文化大数据标识注册中心在已部署提供标识编码注册登记和解析服务技术系统的省域中心以及行业中心、专业中心和关联平台设立派出机构，接受国家文化大数据标识注册中心管理和监督，协同开展文化大数据标识解析服务。派出机构应根据业务需要，配备工作专班和专人，工作人员在业务上接受国家文化大数据标识注册中心的培训和指导，持证上岗，确保 ISLI 注册系统运行顺畅。

部署底层关联集成系统

文化数字化是大兵团作战，涉及宣传、网信、文旅、新闻出版、电影、广播电视、文物等部门，涵盖思想理论、文化旅游、文物、新闻出版、电影、广播电视、网络文化文艺等不同领域，文化机构众多且行业差异较大，部署底层关联服务引擎和应用软件需要区别对待，因地制宜。对于文化资源数据量较大、具有数据中心的文化机构，可进行本地化部署；对于文化资源数据量巨大、居行业领军地位且拥有独立的数据中心的文化机构，可由国家文化大数据标识注册中心授权作为其派出机构，并在其数据中心部署底层关联服务引擎和应用软件，内置集成，通过应用编程接口（API），委托发布一个数据即赋予一个 ISLI 码，将授权清晰的数据导入国家文化专网；对于不具备设立数据中心条件的文化机构和公民个人，可采取云服务模式，登录国家文化大数据标识注册中心服务门户网站，注册即可使用，在一定使用量范围内免费，超过部分按照梯次收费。

专栏 2.5
加强标识解析体系建设

1. 依托信息与文献相关国际标准，在文化机构数据中心部署底层关联服务引擎和应用软件。

2. 依托现有有线电视网络设施、广电 5G 网络和互联互通平台，部署提供标识编码注册登记和解析服务的技术系统。

3. 鼓励多元主体依托国家文化专网，共同搭建文化数据服务平台，提供文化资源数据和文化数字内容的标识解析、搜索查询、匹配交易、结算支付等服务。

4. 文化产权交易机构要充分发挥在场、在线交易平台优势，推动标识解析与区块链、大数据等技术融合创新。

5. 加强标识解析体系建设，推广信息与文献相关国际标准。

——《关于推进实施国家文化数字化战略的意见》

文化大数据标识编码由十进制数字构成，分为三个字段，即 6 位数字的服务字段、长度可定的关联字段和 1 位数字的校验字段。关联字段用于构建并标识文化数据实体之间定向关系的关联编码，由国家文化大数据标识注册中心依分类规则和需求组织编制，经 ISO-ISLI RA 核准发布后，统一分配。标识编码申领者将使用编码的基础元数据回传国家文化大数据标识注册中心登记生效。

文化大数据标识编码由文化机构及公民个人申请、国家文化大数据标识注册中心统一分配。分配标识编码时，应登记相应标识类型规定的元数据。标识编码申领者必须拥有被标识实体的所有权或使用权，一个标识编码只能分配给一个实体，一个实体在不同的应用中可以有多个种类的标识编码，但在同一个命名空间内只能有一个标识编码。标识编码分配与使用具有永久性，不受时间限制。

国家文化大数据标识注册中心负责对文化大数据标识编码申领进行合规性审核，申领者应登记文化大数据标识元数据，严格执行权属人的授权使用权限设置，并符合国家政策。

至此，文化数字化"底座"就完成了技术架构，文化机构及公民个人即可将其文化资源数据进行标识，通过对实体进行标识，从语义关联空间维度包括文化数据、参与者、载体、时间、事件和位置六类，继而完成关联标识，关联按照不同维度的方向性包括文化数据与参与者、参与者与文化数据、文化数据与时间、时间与文化数据等。如果文化数据实体已使用其他标准标识符，应继续使用既有标识符，相应标识符纳入文化大数据标识编码的元数据列表项。

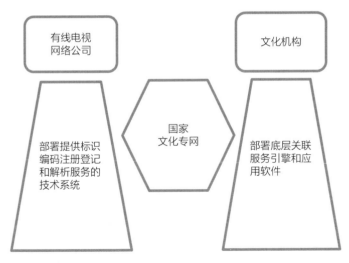

图 2.2　文化数字化"底座"

如果说国家文化专网是依托现有的有线电视网络设施而形成的，不是重复建设，那么，依托我国主导的信息与文献国际标准关联标识符，部署提供标识编码注册登记和解析服务的技术系统，就形成了国家文化专网标识解析体系。部署了底层关联服务引擎和应用软件的各类机构和个人，只要接入国家文化专网，就可以对数据进行标识、关联，被标识和关联的数据在国家文化专网畅通无阻。

第三章
激活文化数字化生产力"细胞"

鼓励和支持文化旅游、文物、新闻出版、电影、广播电视、网络文化文艺等领域的各类文化机构接入国家文化专网，利用文化数据服务平台，探索数字化转型升级的有效途径。

创新文化表达方式，推动图书、报刊、电影、广播电视、演艺等传统业态升级，调整优化文化业态和产品结构。鼓励各种艺术样式运用数字化手段创新表现形态、丰富数字内容。培育以文化体验为主要特征的文化新业态，创新呈现方式，推动中华文化瑰宝活起来。

在文化数据采集、加工、交易、分发、呈现等领域，培育一批新型文化企业，引领文化产业数字化建设方向。

——《关于推进实施国家文化数字化战略的意见》

　　文化机构对文化数字化都持一种开放态度，认为这是大势所趋，特别是 2020 年突如其来的新冠疫情，线下文化活动基本停摆，线上文化消费需求"井喷式"增长，文化机构深切体会到错过数字化就会被边缘化甚至淘汰，数字化转型升级势在必行。

　　为促进文化机构数字化转型升级、跨越"数字鸿沟"，中办国办《关于推进实施国家文化数字化战略的意见》把促进文化机构数字化转型升级作为一项重点任务，并提出了相应解决方案。

文化新业态占比不高

　　党的十八大以来，以习近平同志为核心的党中央高度重视发展数字经济，将其上升为国家战略，极大地推动了数字经济的快速发展。

　　——2016 年，习近平总书记在主持十八届中央政治局第三十六次集体学习时指出：做大做强数字经济，拓展经济发展新空间。[1]

　　——2017 年，习近平总书记在主持十九届中央政治局第二次集体学习时强调：坚持以供给侧结构性改革为主线，加快发展数字

---

[1] 《习近平关于网络强国论述摘编》，中央文献出版社 2021 年版，第 132 页。

经济，推动实体经济和数字经济融合发展。[1]

——2018 年，习近平总书记在全国网络安全和信息化工作会议上指出：要发展数字经济，加快推动数字产业化，依靠信息技术创新驱动，不断催生新产业新业态新模式，用新动能推动新发展。要推动产业数字化，利用互联网新技术新应用对传统产业进行全方位、全角度、全链条的改造，提高全要素生产率，释放数字对经济发展的放大、叠加、倍增作用。[2]

——2020 年，习近平总书记以视频方式出席亚太经合组织第二十七次领导人非正式会议时指出：数字经济是全球未来的发展方向，创新是亚太经济腾飞的翅膀。我们应该主动把握时代机遇，充分发挥本地区人力资源广、技术底子好、市场潜力大的特点，打造竞争新优势，为各国人民过上更好日子开辟新可能。[3]

——2021 年，习近平总书记在十九届中央政治局第三十四次集体学习时指出：要牵住数字关键核心技术自主创新这个"牛鼻子"，发挥我国社会主义制度优势、新型举国体制优势、超大规模市场优势，提高数字技术基础研发能力，打好关键核心技术攻坚战，尽快实现高水平自立自强，把发展数字经济自主权牢牢掌握在自己手中。[4]

---

[1] 《习近平关于网络强国论述摘编》，中央文献出版社 2021 年版，第 134 页。
[2] 《习近平谈治国理政》第三卷，外文出版社 2020 年版，第 307 页。
[3] 《习近平谈治国理政》第四卷，外文出版社 2022 年版，第 420 页。
[4] 《习近平谈治国理政》第四卷，外文出版社 2022 年版，第 206 页。

　　为落实党中央的战略决策部署,2018 年,中办国办印发了《数字经济发展战略纲要》,对数字经济发展进行了全面部署。2022年,国务院印发了我国数字经济领域的首部国家级专项规划——《"十四五"数字经济发展规划》,从 8 个方面对"十四五"时期我国数字经济发展作出总体部署。

　　我国数字经济如火如荼,驶入快车道。统计测算数据显示,从 2012 年至 2021 年,我国数字经济规模从 11 万亿元增长到超 45 万亿元,数字经济占国内生产总值比重由 21.6% 提升至39.8%。2021 年 45 万亿元的数字经济规模中,数字产业化占比 18.3%,规模达到 8.35 万亿元,占 GDP 比重为 7.3%;产业数字化占比 81.7%,规模达到 37.18 万亿元,占 GDP 比重为32.5%。

表 3.1　文化产业统计中的新业态

大类	中类	小类
新闻信息服务	广播电视信息服务	IP 电视、手机电视、互联网电视等专网及定向传播视听节目服务的集成播控
	互联网信息服务	互联网搜索服务,包括网上新闻、音乐、视频、文学、新媒体、导航等在内的互联网其他信息服务

续表

大类	中类	小类
内容创作生产	出版服务	数字出版
	创作表演服务	其他文化艺术业里的网络（手机）文化服务
	数字内容服务	动漫、游戏，互联网游戏服务，多媒体、游戏动漫和数字出版软件开发，增值电信文化服务，其他文化数字内容服务
创意设计服务	广告服务	互联网广告服务
文化传播渠道	互联网文化娱乐平台	包括在互联网生活服务平台行业里的互联网演出购票平台、娱乐应用服务平台、音视频服务平台、读书平台、艺术品鉴定拍卖平台和文化艺术平台
文化辅助生产和中介服务	版权服务	版权和文化软件服务
文化装备生产	摄录设备制造及销售	娱乐用智能无人飞行器制造
文化消费终端生产	信息服务终端制造及销售	可穿戴智能文化设备制造，虚拟现实设备制造

资料来源：作者根据国家统计局《文化及相关产业分类（2018）》绘制。

按照统计口径，数字产业化即信息通讯产业，包括电子信息制造业、软件和信息技术服务业、互联网行业等。产业数字化是指传统产业应用数字技术所带来的产业增加和效率提升部分，包括但不限于工业互联网、智能制造、互联网平台经济等融合性新产业、新模式、新业态。[1]

根据国家统计局发布的《文化及相关产业分类（2018）》，在文化产业 9 个大类[2]中，7 个大类（除文化投资运营和文化休闲服务）都有新业态，国家统计局概括为新业态特征明显的 16 个行业小类（见表 3.1），包括广播电视集成播控，互联网搜索服务，互联网其他信息服务，数字出版，其他文化艺术业，动漫、游戏数字内容服务，互联网游戏服务，多媒体、游戏动漫和数字出版软件开发，增值电信文化服务，其他文化数字内容服务，互联网广告服务，互联网文化娱乐平台，版权和文化软件服务，娱乐用智能无人飞行器制造，可穿戴智能文化设备制造，其他智能文化消费设备制造。

据国家统计局对全国 6.5 万家规模以上文化及相关产业企业调查，2021 年，上述企业实现营业收入 119064 亿元，比上年增长 16.0%，其中，文化新业态特征较为明显的 16 个行业小类实

---

1 中国信通院：《中国数字经济发展报告（2022 年）》，中国信通院网站 2022 年 7 月 8 日，http://www.caict.ac.cn/kxyj/qwfb/bps/202207/t20220708_405627.htm。

2 国家统计局发布的《文化及相关产业分类（2018）》规定，文化及相关产业包括新闻信息服务、内容创作生产、创意设计服务、文化传播渠道、文化投资运营、文化娱乐休闲服务、文化辅助生产和中介服务、文化装备生产、文化消费终端生产 9 个大类，其中文化核心领域包括新闻信息服务、内容创作生产、创意设计服务、文化传播渠道、文化投资运营、文化娱乐休闲服务 6 个行业，文化相关领域包括文化辅助生产和中介服务、文化装备生产、文化消费终端生产 3 个行业。

现营业收入 39623 亿元，比上年增长 18.9%，占比 33.3%。[1] 从统计口径看，文化产业统计中的文化新业态，相对于数字经济规模中的产业数字化。同产业数字化在数字经济中占比 81.7% 相比，文化新业态占比显得很低，这也说明文化数字化有巨大的发展空间。

推动文化数字化生产力充分发展，首要任务就是促进文化机构数字化转型升级，激活文化数字化生产力"细胞"。

数字化转型升级的路径变革

促进文化机构数字化转型升级，是中办国办《关于推进实施国家文化数字化战略的意见》明确的 8 项重点任务之一，其中明确：鼓励和支持文化旅游、文物、新闻出版、电影、广播电视、网络文化文艺等领域的各类文化机构接入国家文化专网，利用文化数据服务平台，探索数字化转型升级的有效途径。这就为文化机构数字化转型升级规划了新路径。

为什么不是互联网，而是国家文化专网？

到 2035 年建成文化强国，这是一个催人奋进的目标，也是一个需要付出艰苦努力才能实现的目标。对照这一目标，检视现实进程，文化强国建设面临的突出问题，应该是文化数字化生产力发展

---

[1] 《2021 年全国规模以上文化及相关产业企业营业收入增长 16.0%，两年平均增长 8.9%》，国家统计局网站 2022 年 1 月 30 日。

不充分，集中表现在数字化文化供给与数字化文化需求之间的缺口很大。2020 年年初新冠肺炎疫情发生以来，线下文化消费基本上处于停滞状态，文化消费的主流转移到线上，线上消费的文化产品和服务必然是数字化的，但能够搬到线上的文化产品和服务的品种和数量却是有限的，特别是传递正能量、体现文化自信心的数字化文化产品和服务占比不高。

根据腾讯媒体研究院编译的《2022 年互联网文化解读报告》分析，互联网在诞生之初具有明显的"实用性"特征，经过几十年的发展，互联网的应用维度有了质的突破，几乎演变为了人们的一种生活方式。目前来看，网络的娱乐与游戏属性正逐渐凌驾于工具性与实用性之上。[1] 互联网上的内容极其丰富，但相对于娱乐和游戏而言，具有文化属性的内容占比还是非常低的。

信息爆炸、文化短缺，应该是互联网内容的真实写照。

消费是互联网的天然属性，无论是 PC 互联网，还是移动互联网，本质上都是消费互联网。互联网催生了消费新模式、新方式和新业态，改变了人类的生活方式，并把消费推向了极致，却改变不了其消费属性。世界进入数字化时代，相对于同互联网将消费推向极致不同，数字化是把生产推向了新高度。换言之，互联网触动的是消费，数字化撬动的是生产。促进文化数字化生产力充分发展，这是实施国家文化数字化战略的重要目标。

---

[1] 《GWI（音像及数码调研公司 Global Web Index），互联网文化解读报告》，腾讯媒体研究院微信公众号 2022 年 5 月 11 日。

专栏 3.1

加强文化数字化全链条监管

数字化时代，数据安全是核心竞争力。《关于推进实施国家文化数字化战略的意见》用了很大篇幅为文化数据的安全保障进行制度设计：一是制定文化数据安全标准，在数据采集加工、交易分发、传输存储及数据治理等环节实现全覆盖；二是构建完善的文化数据安全监管体系，强化中华文化数据库数据入库标准，发挥好国家文化专网网关物理隔离作用，对数据共享、关联、重构等主体实行准入管理；三是加强文化消费新场景一体化监管，确保进入传播或消费渠道的内容可管可控；四是完善文化资源数据和文化数字内容的产权保护措施。

数字化时代，数据是重要的生产要素，也是国家基础性战略资源。文化数据属于国家、民族的核心信息资源，特别是文化基因数据，地位同生物基因数据一样重要，确保数据安全应永远放在第一位。如果数据安全得不到充分保障，任何文化机构都不会将文化资源数据释放出来。保障数据安全，有线电视网络拥有"天然屏障"，依托有线电视网络而形成的国家文化专网，在保障数据安全方面具有天然优势，显然比互联网更具优势。把各级各类文化机构的数据中心接入国家文化专网，让作为生产要素的文化资源数据、作为生产成果的文化数字内容，在这张放大的"局域网"内毫无障碍、毫无顾虑地顺畅流转。

在国家文化数字化战略指引下，文化机构数字化转型升级的路径，从倚重互联网向接入国家文化专网"转轨"，顺应了数字化时代的大趋势。路径的变化必然引发思维方式的变革。是时候将数字化转型升级回归于、聚焦于生产，重塑文化机构的内容优势。

搭建数字化文化生产线

文化机构的短板是技术，痛点是建平台。在推动数字化转型升级过程中，文化机构几乎都在建平台，投入很大，维护成本很高，还要想各种办法去引流，利用率并不高。如果接入国家文化专网，文化机构就不用自己建平台了，类似于互联网平台的服务内容，则由依托国家文化专网而搭建的文化数据服务平台提供，文化机构的任务就是搭建数字化文化生产线，探索一条低成本转型升级之路。

—— 专栏 3.2 ——

文化数字化服务内容

基础性服务：文化资源数据的存储、传输、交易和文化数字内容分发服务，以及低成本、广覆盖、可靠安全的算力服务。

关键性服务：文化资源数据和文化数字内容的确权、评估、匹配、交易、分发等专业服务。

增值性服务：文化资源数据和文化数字内容的标识解析、搜索查询、匹配交易、结算支付等服务。

接入国家文化专网，一条转型升级新路径就呈现在各类宣传文化机构面前，无论是文化文物、新闻出版、电影行业的机构，还是广播电视、网络文化行业的机构，均可以基于国家文化专网，搭建具有行业特征的数字化文化生产线。在数字化文化生产线上，文化机构完成数据从采集、解构、关联到重构、呈现，形成两类产品：一是文化资源数据，类似于种子；二是文化数字内容，类似于小麦或者面包。如果有文化资源，就通过解构、关联形成文化资源数据，然后进入"数据超市"卖数据；如果没有数据，就在"数据超市"购买数据，进行二次创作，生产出文化数字内容，再进入"数据超市"交易。专业的工作由专业人员干，专业人员做擅长的工作，形成数字化时代分工新格局。

文化人最擅长做内容，最不擅长做生意。文化数字化说到底是为了解放文化人，让他们从不擅长、不熟悉、不精通的事务中解

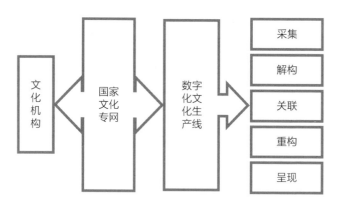

图3.1 数字化文化生产线

脱出来,专心做最擅长的事,恢复文化人做内容的功力。

数字化时代,数据的极端重要性已经是不言自明的。2020 年 4 月,中共中央、国务院印发的《关于构建更加完善的要素市场化配置体制机制的意见》,将数据同土地、劳动力、资本、技术等生产要素相并列,强调通过加快数据要素市场培育,充分发挥数据要素对其他要素效率的倍增作用,使大数据成为推动高质量发展的新动能。

我国是文化资源大国,但还不是文化数据大国。将中华民族五千多年积淀的文化资源,转化为具有文化内涵的数据,每一个文化机构犹如坐在"金山"上。现实是,数字化文化生产患上了"营养不良症"。仅以民族民间文艺为例,被誉为"文艺长城"的重大工程,历时 30 年,搜集整理的民歌 30 万首、民间故事 30 万篇、民间歌谣 44941 首、民间谚语 576546 条,出版"十部文艺集成志书"共计 298 卷,约 4.5 亿字,收集相关资料逾 50 亿字(包括曲谱、图片)。[1] 这些素材都可以成为时下时髦的"IP"(知识产权的英文 intellectual property 缩写)。文化企业,不论是国有的,还是民营的,能够"眼睛向内",开挖民族民间文艺这座"金矿"的几乎没有,恐怕对这座"金矿"有所了解的文化企业微乎其微。

一边是文化资源"锈迹斑斑",一边是文化生产"嗷嗷待哺"。

---

[1] 李松:《从"十大集成"到国家民间文化基础资源数据库建设》,《中国文化报》2014 年 3 月 10 日。

为解决这一制约文化数字化生产力发展的问题，中办国办《关于推进实施国家文化数字化战略的意见》强调：推动文化机构将文化资源数据采集、加工、挖掘与数据服务纳入经常性工作。

数据关联是核心生产力

文化机构特别是负责收藏和保管公共文化资源的机构，虽然拥有海量的文化资源数据，犹如坐在"金山"上，但是，由于数据标准、编目规范等不兼容，音视频数据和纸媒数据没关联，每个机构都守护着一个个"数据孤岛"，数据并没有转化为文化生产要素，其文化价值体现不出来。

中办国办《关于推进实施国家文化数字化战略的意见》提出的首要任务，就是关联形成中华文化数据库，即关联零散的文化资源数据，关联思想理论、文化旅游、文物、新闻出版、电影、广播电视、网络文化文艺等不同领域的文化资源数据，关联文字、音频、视频等不同形态的文化资源数据，关联文化数据源和文化实体，形成中华文化数据库。

实施国家文化数字化战略，文化资源数据"大关联"序幕已拉开：

——国家图书馆馆长、中国图书馆学会理事长熊远明：加强对各类文化资源数据的深度挖掘与增值开发。应用语义网、机器学习、自然语言处理等技术，对古籍特藏、音视频资源等数字化成果进行智能标引、深度知识挖掘、语义组织，构建能够支持知识迭代的网络知识图谱，实现不同时代、不同版本、不同类型、不同来源典籍资源的多维知识内容关联和可视化展示。贯通各级图书馆已建或在建文化专题数据库，应用实体识别、语义分析、关联组织等技术，提取具有历史传承价值的中华文化元素、符号和标识，进行多维度阅读展示、场景分享和互动体验，支持和推动各类社会主体依托这些传统文化元素进行 IP 创意开发，丰富中华民族文化基因的当代表达。**1**

　　——文化和旅游部全国公共文化发展中心主任、中国文化馆协会理事长白雪华：将群众文化活动、群众文艺作品、艺术普及直播、艺术普及课程、艺术普及电子图书、全民艺术普及师资库、文化馆（站）行业信息等资源，按照统一的建设标准和总目录，整合形成全民艺术普及资源总库，按照物理分布、逻辑关联原则，与其他领域文化资源进行关联，汇入中华文化数据库，成为文化馆行业在国家文化数字化战略中的核心资产。我国基层文化馆（站）数量庞大，包括 3000 多个县级文化馆、4 万多个乡镇（街道）综合文化站、57 万多个村级综合性文化服务中心，这些机构急需加快数字化转型升级。"十四五"以来，中央财政在公共文化云建设项目转移支付经费中，每年大力支持 839 个脱贫县（团场）依托国家公共文化云提供的"公共文化云基层智能服务端"（原来已有平台

1　熊远明：《围绕国家文化数字化战略　积极推进全国智慧图书馆体系建设》，《中国图书馆学报》2022 年第 4 期。

的，可升级优化后继续使用，并与公共文化云基层智能服务端深度对接)、发布、更新当地动态、直播、活动、培训、场馆等全民艺术普及资源与服务，线上线下联动，推动基层全民艺术普及服务提质增效。内蒙古、吉林、江苏、安徽、广西、贵州等省份加强工作统筹，指导当地基层单位按标准接入省级平台，快速开展数字化转型。**1**

——中国数字文化集团党委副书记周广明：中数集团通过接入国家文化专网，部署了底层关联集成系统，将数字化资源导入国家文化大数据体系，通过数据采集、清理、标注、关联、解构、重构，完成了数据集的搭建。已经建成了国家舞台艺术音像库、中国传统音乐数据库、中国大学生优秀数字艺术作品库、《伟大征程》艺术档案数据库、世界音乐资源集成数据库、世界乐谱资源集成数据库、世界美术资源集成数据库、非物质文化遗产数据库 8 个主数据库、69 个子库，线上已完成了文化数据 37000 余件、文化资源数据集 270 余个、视频 1760 余条、音频 11800 余条、图片 23000 余张、电子文档 500 个的底层数据关联工作。**2**

——国家图书馆出版社社长魏崇：依托历代中华古籍，从中整

---

1 白雪华：《依托公共文化云 落实国家文化数字化战略》，《中国图书馆学报》2022 年第 4 期。

2 周广明：《中国数字文化集团文化资源数字化和文化大数据体系建设实践》，《中国文化馆》2022 年第 1 期。

理搜集约 12 万幅插图,逐一深度标引、分类,将具有价值的内容解析为单独的图像素材,实现传统文化元素的新解析、再创作,成为新的文化元素,为文化产业、文化大数据提供新的资源。一期已搜集整理了古籍中的各类插图八万余张,对每张图片都进行了精细加工和深度标引,每张图都标明图片名称、来源书名称、作者、年代、分类、图片风格和推荐、列举图片可能应用的场景。国图出版社作为第一批国家文化大数据体系的探路者,以《中国古籍图典数据库》作为切入点,对中国传统文化中的图案进行深度标引,建设中华传统文化素材库。2022 年 8 月,国图出版社三万余条数据进入全国文化大数据交易中心首批进场交易名单,其中,《庆赏升平》《永乐大典》《国家图书馆藏样式雷图档圆明园卷初编》等均为国图出版社拥有独家版权。[1]

　　以上案例只是文化资源数据"大关联"的一幕——序幕。数据关联不只是公共文化机构的任务,文化文物、新闻出版、电影以及广播电视、网络文化等领域的文化机构都有义务、有责任加入"大关联"队伍,共同把文化资源数据关联起来。

---

[1] 魏崇、王涛:《国图出版社建设国家文化大数据项目〈中国古籍图典数据库〉的思考和探索》,伏羲云微信公众号 2022 年 5 月 6 日。王涛是国图出版社数字出版部主任,他在《数字出版十年回顾》一文中指出:经过 10 年的发展,数字出版部由原来只有 4 人的小部门发展为今天的 13 人,数据库产品从 0 增加到 11 个,回款数量从最初的 40 万元增加到近 2000 万元。王涛:《数字出版十年回顾》,国家图书馆出版社微信公众号 2022 年 10 月 17 日。

表 3.2 文化统计框架涵盖的领域

文化领域	A. 文化和自然遗产
	B. 表演和庆祝活动
	C. 视觉艺术和手工艺
	D. 书籍和报刊
	E. 音像和交互媒体
	F. 设计和创意服务
相关领域	G. 旅游
	H. 体育和娱乐

世界因互联而多彩，数据因关联而增值。数据的价值，就在于其描述或表达的文化内涵。

数据关联，首先要找准数据所在的坐标系，即对数据进行科学分类。目前对文化类别讲得最清楚的，非联合国教科文组织莫属。1986 年，联合国教科文组织曾发布一版《文化统计框架》（Framework for Cultural Statistics，简称 FCS）。2009 年，联合国教科文组织根据全球文化发展状况，特别是全球文化领域出现的新动向和新概念，包括与新技术（如数字和网络技术）、非物质文化遗产以及演进中的文化实践和政策相关的概念，发布了新版《文化统计框架》，对文化类别进行了较为全面的提炼与概括，为全面考察和描述文化活动提供了标准化版本。联合国教科文组织 2009 年版

《文化统计框架》把文化领域划分为六大类别（见表3.2），即文化和自然遗产、表演和节庆活动、视觉艺术和手工艺、书籍和报刊、视听（音像）和交互媒体、设计和创意服务。联合国教科文组织对文化活动的描述呈现立体化、网络状，同时超越了简单的分门别类，更加强调在同一类别中文化活动的循环，弄清楚文化从创作、生产到传播、消费等各个阶段是如何展开的。比如，把博物馆归入文化和自然遗产类别、把图书馆归入书籍和报刊类别等，对文化活动的描述更加完整。

　　数据关联具有很强的专业性，同时也是规模巨大的新兴产业。2018年，百度入驻山西综改示范区，打造数据标注产业基地。截至2022年5月，百度山西数据标注基地办公面积超19000平方米，已有5000名数据标注师，已入驻53家代理商，基地累计产值超5亿元。百度已在山西太原、山东济南、山西临汾、重庆奉节、四川达州、甘肃酒泉、江西新余7个地域，建设百度智能云数据标注基地。基地依托百度人工智能技术的发展，为供应商提供标注资源、标注工具，供应商能够自由访问百度现有的AI标注平台。通过标注工具和预标注算法，借助机器决策，标注过程实现了人员和数据自动流转，摆脱了人工干预。[1]

---

[1]　叶芝花：《百度（山西）人工智能基础数据产业基地　数据标注描绘数字经济新图景》，山西转型综合改革示范区管理委员会官网2022年7月29日。

---**专栏 3.3**---

山西省人民政府关于加快我省数据标注产业发展的实施意见

到 2022 年，引进培育 100 家以上数据标注企业，就业人员规模超过 1 万人，初步形成集数据采集、数据清洗、数据标注、数据交易、数据应用为一体的基础数据服务产业体系，初步建成涵盖无人驾驶、工业质检、医疗服务等领域的基础数据开放平台，人工智能创新应用生态初步显现，数据标注产业年产值达 20 亿元。

到 2025 年，基础数据服务体系基本完善，人工智能基础数据开放平台影响力大幅提升，山西将成为全国领先的基础数据产业聚集地，数据标注产业年产值达到 50 亿元，基础数据服务产值达到 150 亿元，带动人工智能相关产值达到 500 亿元。

来源：山西省人民政府网站，2019 年 7 月 10 日。

百度数据标注基地的做法和经验，对做好文化大数据关联具有很强的示范作用和借鉴意义。不同于其他行业的大数据，文化大数据是供给侧的，更具有生产要素的特征，经过挖掘数据的文化内涵，文化大数据可以直接转化为二次创作的素材。

数据为文化赋能，文化为数据增值。

创新文化业态

探索业态创新，是文化数字化的题中应有之义。中办国办《关于推进实施国家文化数字化战略的意见》强调：创新文化表达方式，推动图书、报刊、电影、广播电视、演艺等传统业态升级，调整优化文化业态和产品结构。

　　各级各类文化机构将数据关联纳入经常性工作，为本单位的数据加以标注和标识，属于"内关联"，形成关联链；其他单位在国家文化专网对已形成的关联链再标注和标识，属于"外关联"，形成了更大范围的关联链。未来的文化业态，或许以关联链面目出现，关联链将成为文化机构的新产品[1]，消费者购买关联链访问不同文化机构的数据库，无论建设数据库还是生产关联链，都能够获得收入。

　　这几年我一直在提出一个问题：图书未来是什么样式？这应该是出版界探讨的很重要问题。如果图书未来的样式不能确定，数字化转型升级会遇到很多问题，包括定价问题等等。

　　接入国家文化专网的文化机构，不只是出版社，博物馆、美术馆、图书馆等文化文博单位，广播电台、电视台、党报党刊、通讯社等新闻单位，电影、电视剧、纪录片、动画片、录音录像、唱片等文化生产单位，也会接入国家文化专网。如果把出版社自己完成的数据关联，比作"内关联"，在国家文化专网就可以完成"外关联"，图书就从过去的文字加图片的基础上，增加音视频元素，

1　比如，原来参加律师资格考试，只有一种辅导教材，什么学历背景都用一套书。未来的图书形态应该是根据不同的学历背景，提供不同的辅导教材——"千人千面千样书"。通过给不同学历背景的人提供不同的关联链，把存量数据都利用起来，用谁的数据就给谁付款，图书的新样式就出现了。

甚至丰富为场景化、沉浸式、交互型的新样式，出版社的"编辑"
就真正成了"编导"，角色转换激发创造力。

此外，图书不仅在样式上"华丽转身"，更重要的是可在定价
上实现突破。图书未来的样式不再是"版"而是"链"，就不能按
纸质版一定的折扣来定价，应该属于服务性收费，除一次性收费，
还可以按照提供的服务数量和质量收取年费。更何况，关联了音视
频，加上场景化，图书未来这样的"链"就更值钱了。

搞清楚图书未来的样式，出版业数字化转型升级的方向和目
标才清晰。靠"撞击反射式"摸索，或"有病乱投医式"跟风，就
摘不掉"互联网打工仔"的帽子。

图书如此，报刊、电影、广播电视、演艺等传统业态，也可
以依照数字化路径探索未来的样式。

文化产业数字化超前布局

区分公益性文化事业和经营性文化产业，是我们党的一大理
论创新，也是文化体制改革的理论依据。伴随着文化体制改革，
我国文化产业发展也进入了"快车道"。国家统计局从 2004 年
开始测算文化产业增加值数据，当年文化产业增加值为 3440 亿
元，占国内生产总值（GDP）的比重为 2.13%[1]；据国家统计局核

---

[1]　万东华：《从社会发展看全面建成小康社会成就》，《人民日报》2020 年 8 月
　　4 日。

算，2021 年全国文化产业增加值为 52385 亿元，占国内生产总值（GDP）的比重为 4.56%，**1** 基本达到国民经济支柱性产业标准。

———————— 专栏 3.4 ————————

文化产业的权威界定

　　文化产业同公益性文化事业相对应，是指以文化为核心内容而进行的创作、生产、传播、展示文化产品和提供文化服务的经营性活动，涵盖文化艺术、新闻出版、广播影视、网络文化等领域，涉及中央宣传部（国家新闻出版署、国家电影局）、中央网信办、文化和旅游部、广电总局等职能部门。文化产业和旅游产业在内容上有交叉，在工作上有融合，但不完全重叠，目前在统计上也是分开的。

雒树刚：《国务院关于文化产业发展工作情况的报告》，中国人大网 2019 年 6 月 26 日。

　　我国文化产业发展经历了多年年均两位数增长，到 2019 年、2020 年陆续两年增长率降至 10% 以下，2019 年为 7.8%、2020 年为 1.3%。文化产业发展进入盘整期。

　　这些年，文化产业界的"跟风"现象十分严重。前几年，"文创"概念很热，大有取代文化产业的趋势，分散了注意力；这两年，"文旅"大有盖过"文创"的势头，转移了注意力。由于概念变来变去、摇摆不定，更令业外人士"眼花缭乱"、无所适从，看文化的表象

1　国家统计局：《2021 年全国文化及相关产业增加值占 GDP 比重为 4.56%》，国家统计局网站 2021 年 12 月 30 日。

多，打的也都是文化产业的"外围战"，不能深入到文化内核，造成不寻文化的根、只盯文化的"梢"。

2019年6月，国务院向全国人大常委会报告时，对推动文化产业发展提出了若干建议，包括加快文化供给侧结构性改革、把创作生产优秀文化产品作为中心环节、增强文化企业的市场竞争实力、构建规范有序的文化市场、打造文化产业人才高地、推动文化和科技深度融合。

同年12月，由司法部对外公布的《中华人民共和国文化产业促进法（草案送审稿）》第五十三条提出：国家推动文化资源数字化，分类采集梳理文化遗产数据，标注中华民族文化基因，建设文化大数据服务体系，鼓励公民、法人和非法人组织依法开发利用，将中华文化元素和标识融入内容创作生产、创意设计以及城乡规划建设、生态文明建设、制造强国、网络强国和数字中国建设。[1]

中办国办《关于推进实施国家文化数字化战略的意见》把加快文化产业数字化布局，作为一项重点任务，强调在文化数据采集、加工、交易、分发、呈现等领域，造就一大批新型文化企业，引领文化产业数字化建设方向。在保障措施中明确：支持符合科创属性的数字化文化企业在科创板上市融资。

---

[1] 《中华人民共和国文化产业促进法（草案送审稿）》，中国人大网2019年12月13日。

第 四 章

打通文化数据资产化"堵点"

推动文化机构将文化资源数据采集、加工、挖掘与数据服务纳入经常性工作，将凝结文化工作者智慧和知识的关联数据转化为可溯源、可量化、可交易的资产。

文化产权交易机构要充分发挥在场、在线交易平台优势，推动标识解析与区块链、大数据等技术融合创新，为文化资源数据和文化数字内容的确权、评估、匹配、交易、分发等提供专业服务。公共文化资源数据要依法向公众开放，公共文化资源数据开发后的交易要把社会效益放在首位。

——《关于推进实施国家文化数字化战略的意见》

如果说数据关联是生产过程，那么，关联数据就是生产成果。中办国办《关于推进实施国家文化数字化战略的意见》指出："推动文化机构将文化资源数据采集、加工、挖掘与数据服务纳入经常性工作，将凝结文化工作者智慧和知识的关联数据转化为可溯源、可量化、可交易的资产。"数据关联可以调动成千上万的专业人员加入，随着数据关联队伍的不断壮大，关联数据像"滚雪球"一样越积越多，形成不计其数的关联链，同知识图谱一起，对中华文化进行全景式呈现。

如何激发文化工作者的内在动力？推动文化数据资产化是基本保障。

文化数字化的核心驱动力

文化数字化就是把数据关联起来，将凝结文化工作者智慧和知识的关联数据，转化为可溯源、可量化、可交易的资产，形成资产化的关联数据，从而获得数据变现收入。这是文化数字化的核心驱动力。

要理解这一点，必须从文化大数据的特性谈起。

不同于其他大数据，文化大数据分两类，一类为需求侧文化大数据，另一类为供给侧文化大数据。所谓需求侧文化大数据，是指在文化消费过程中所产生的数据。比如，读书看报所产生的阅读数

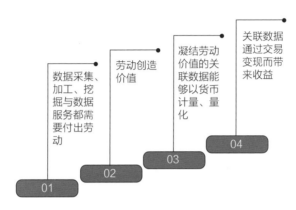

图 4.1 文化数据资产化逻辑图

据，可为读者的阅读行为画像；看电视听广播所产生的视听数据，可为观众（听众）的收视行为画像。所谓供给侧文化大数据，就是从文化资源中"萃取"的数据。从文化资源到文化数据要经过许多环节，比如数据采集、数据存储、数据关联、数据解构、数据重构等。

现在所谈论的文化大数据，一般都是指需求侧的。需求侧的大数据时效性都很强，过时即被废弃；但国家文化数字化战略谈及的大数据，首先是供给侧的，是能够转化为素材的，也是真正意义上的生产要素，所以不会过时，而是像"滚雪球"一样，越积越多。一旦把零散的数据关联起来，把文字、音频、视频等不同形态的数据关联起来，把思想理论、文化文物、新闻出版、电影、广播电视、网络文化等不同领域的数据关联起来，把文化数据源和文化实体关联起来，就能够展现中华文化的整体风貌，从而对中华文化进行整体性认识和把握。

供给侧文化大数据的积累需要一个过程，甚至说是一个长期过程，因为要把中华民族五千多年积淀的文化资源转化为具有文化内涵的数据，需要投入大量的人力、物力和时间。

数据关联的专业性很强，特别是对文化资源数据的分类、编目和标注，都凝结着文化工作者智慧和知识，都需要付出劳动。根据马克思的劳动价值论，劳动创造价值，资产是价值的货币表现。中办国办《关于推进实施国家文化数字化战略的意见》关于"将凝结文化工作者智慧和知识的关联数据转化为可溯源、可量化、可交易的资产"，已经道出了文化数据资产化的理论依据。

换句话说，供给侧文化大数据更容易资产化。文化数据最终能否资产化，取决于能否完成"最后一跳"——数据交易。

基于国家文化专网搭建"数据超市"

中办国办《关于推进实施国家文化数字化战略的意见》提出：鼓励多元主体依托国家文化专网，共同搭建文化数据服务平台，支持法人机构和公民个人在文化数据服务平台开设"数据超市"，依法合规开展数据交易。"数据超市"写入中央文件，比较罕见。

"数据超市"，即全国文化大数据交易体系，它是基于国家文化专网、依托文化产权交易所而形成的，其主要功能就是满足法人机构和公民个人买卖数据，服务文化数据交易，人们通过搜索查询，实现数据撮合、分享。通俗地说，就是建设类似于"天猫店"

的"数据超市"，用于文化数据交易。

2021年3月，十三届全国人大四次会议批准的《中华人民共和国国民经济和社会发展第十四个五年规划和2035年远景目标纲要》，提出了102项国家工程项目，其中包括建设国家文化大数据体系，建设全国文化大数据交易体系是一项重要内容，也是贯彻国家文化数字化战略的重要举措。

专栏4.1

全国文化大数据交易中心试点建设

2022年3月，中央文化体制改革和发展工作领导小组办公室批复同意，深圳文化产权交易所承接全国文化大数据交易中心试点建设工作。经过建设方案报批与5个月的系统建设，在完成多轮内测、安全测试和压力测试后于8月31日上线试运行。

全国文化大数据交易中心设立的初心围绕"五个服务"：服务于国家文化数字化战略；服务于国家文化大数据体系建设；服务于挖掘和盘活中华传统优秀文化资源；服务于文化机构的数字化转型；服务于培育新型文化消费业态和方式。全国文化大数据交易中心的建设，充分发挥其在场、在线交易平台优势，接通国家文化专网，疏通供给和需求，破除文化数据要素的市场分割，加快推进政府间、部门间及市场化主体间的文化数据要素市场融通。

徐平、路滢月：《国家文化大数据体系建设成果亮相深圳文博会》，《中国新闻出版广电报》2023年1月5日。

全国文化大数据交易体系的功能定位，以提高交易效率为目标，接通国家文化专网，链通交易机构，疏通供给需求，畅通信息流、资金流。

交易机构是依据中办国办《关于推进实施国家文化数字化战略的意见》关于搭建文化数据服务平台的任务要求，依托已设立文化产权交易机构（简称文交所）、经批准设立的国家文化大数据交易机构，交易标的为文化资源数据和文化数字内容。交易机构承担的主要任务包括：汇聚文化数据信息，提供文化资源数据和文化数字内容的标识解析、搜索查询、匹配交易、结算支付等服务，实现跨层级、跨地域、跨系统、跨业态的数据流通和协同治理；支持法人机构和公民个人开设"数据超市"，依法合规开展数据交易，促进公共文化资源数据依法依规向公众开放，保障公共文化资源数据开发后的交易把社会效益放在首位，推动标识解析与区块链、大数据等技术融合创新，为文化资源数据和文化数字内容的确权、评估、匹配、交易、分发等提供专业服务。

交易机构的文化数据交易系统分为五大功能模块：

1. 注册与认证。对进入交易系统各方进行统一认证管理，统一管理用户认证信息，统一进行鉴权登录。已取得 ISLI 码的即获认证，可以直接进场交易，其他用户需要进行核验，发放 ISLI 码后方可进场交易。支持认证管理信息的查询审核功能，并定义买卖方的交易权限。

2. 委托服务。在文化资源数据采集时，即可在底层关联集成系统完成资源方委托类别确认，委托周期分永久委托、一次性委托、期限委托。

3. 交易与结算服务。实现从交易规则、流程到支付和结算的统一化管理，为交易双方提供标的物的买卖、交易支付、交易结算和交易交割等专业化服务。交易完成后，交易系统根据买卖双方的智能合约，自动对交易资金进行分账计算，并将分账自动分配到对应账户。付款成功后，系统自动发送指令，对标的物进行权属变更。

4. 统一服务门户。集成项目一期开发的所有系统，提供用户登录注册、认证资料提交和在线搜索匹配，以及交易资讯、交易公示、业务介绍等服务，为交易主体提供实现文化资源数据和文化数字内容交易的全方位服务。

5. 标识与解析。交易系统通过标识查询关联关系，通过关键词检索获取交易方及交易标的物的关联关系，提供交易方（卖）自主授权交易关联标识符的解析，交易双方实时获取解析记录，支持与国家文化大数据标识注册中心、标识解析系统互联互通，满足多级节点递归解析要求。

文化数据交易系统充分借鉴了国内已建成数据交易机构的成功做法，结合宣传文化系统实际，体现简洁、实用、安全、高效要求，其主要特点是：

第一，强化文化数据交易的公益性和开放性。在交易系统门户首页的显著位置，"守正创新"和"始终坚持把社会效益放在首位"

格外醒目，系统开设"公共数据专区"，以供查询红色基因库和全国性文化资源普查等数据，坚定不移贯彻中央关于"公共文化资源数据要依法向公众开放"的要求，同时在"文化数字内容"部分体现公共文化资源数据开发后的交易要把社会效益放在首位。

第二，优化文化数据交易的便捷性和安全性。交易系统实行"一码通"，即"一主体、一身份、一认证码"。"一码通"的码，即国家文化大数据标识注册中心发放的唯一标识码，交易主体凭码交易，凭码结算，交易程序大大简化。交易主体只需接入国家文化专网，经认证获得唯一标识码，就进入文化数据交易业务流程，所有程序交由系统完成。由于标识码具有唯一性，不会重码，加之每个文化数据也分配到唯一标识码，交易的安全性是有技术保障的。

第三，体现文化数据交易的特殊性和敏感性。交易系统配备了对进场交易的文化资源数据和文化数字内容实施动态监测的技术支撑系统，在提供搜索查询、匹配交易等服务中，对敏感数据、敏感词语、敏感内容实时拦截，不得进入交易。同时，交易系统实时查验卖方的身份注册或认证信息，以及文化资源数据和文化数字内容的标识信息，对存在质量问题的交易内容，采取暂缓交割等措施，请行政机关认定后再交割、分发。

第四，防范文化数据交易的投机性和危害性。交易系统遵循非连续、非公开交易的原则进行技术架构，对大量或者频繁进行互为对手方的交易，恶意低买高卖、恶意报价等方式操纵、影响正常市场价格，直接或间接采取类做市商方式开展交易，直接或间接引导金融机构进行杠杆交易，一段时间内进行大量且连续的交易，使用同一原始数据变相以多种形式多次委托授权或转让，在授权和转让中进行虚假或其他扰乱市场秩序的委托等可能影响交易价格或交易异常的行为予以重点监控，对情节严重的异常交易行为，果断采取相应技术措施予以提醒以至限制、冻结相关交易。

为文化机构分忧解愁

文化数字化构建的是一个全新体系。在这样一个全新体系中，不只是生产和消费，交易是关键环节。各级各类文化单位，不论是公益性文化事业单位，还是经营性文化企业，不管是博物馆、美术馆、图书馆等公共文化机构，还是广播电台、电视台、报刊社等新闻单位以及出版社、文艺院团、影视机构、设计公司等文化生产机构，以及文化科研机构、院校等，都可以自由出入"数据超市"，进行文化数据交易：有数据的卖数据，需要数据的买数据。文化数据变现收入，将成为文化机构新的收入增长点。随着关联数据变现收入同文化机构和各类专业人员的利益分配挂起钩来，数据关联的队伍一定会不断壮大，数据关联将形成巨大的数字化生产力。

"数据超市"的搭建，可以解除文化机构在数字化转型升级过程中的许多担忧：

　　——这些年，文化机构多多少少都积攒了一些数据，文化数据库一般也都是自建自用，"数据孤岛"造成数据供求脱节，数据使用率普遍不高，甚至造成数据库建设上的重复建设。一旦文化机构的数据中心被国家文化专网贯通，数据信息即刻互联互通，通过"数据超市"提供的搜索服务，即可自动匹配文化资源数据，实现数据撮合、分享。

　　——文化机构在互联网"打拼"，吃亏最多的就是自己没有独立的平台，但自己建平台，一是投入很大，二是影响有限。一旦接通国家文化专网，进入"数据超市"，文化机构只需要"开店"即可，不光节省了投资，而且规避了不熟悉平台运营的"短板"，腾出精力专注于做内容。这叫作"专业的事让专业的人做"，换取的是擅长做内容的不再做不擅长的事，不再为平台奔波。

　　——消费互联网时代，文化机构对盗版有切肤之痛，对版权极为敏感，几乎成了"条件反射"，无论谈到怎样的思路和举措，第一反应就是版权保护。数字化时代，文化产品升级为文化数字内容，产品形态、文化业态都变了，理论上讲，版权保护比以往更简单、更容易了。特别是在文化数字化构建的全新体系，无论文化资源数据，还是文化数字内容，都被赋予唯一的标识符，作为确权、交易、清算、支付等方面的通行证，版权保护的技术手段和制度安排都很周密。

　　——为了让关联数据的变现收入在分配上体现多劳多得，就需要为每个关联数据发放"身份证"，就是 ISLI 标识符，它不仅在文化资源数据的元数据中标注了著作权人，标明是谁的关联数据，而且终身伴随着数据流转，在底层技术上保护版权。

——文化业态很多，但在文化行政分业的情况下，彼此却处于分割状态。有线电视网络是广电的，书报刊是新闻出版的，文艺院团、图书馆、美术馆、博物馆是文化文物的。数字化时代，文化应当是体验性的，而文化体验的样式是丰富多彩的，跨界必将是常态，无界也指日可待。贯通业态和业态的基本途径就是"大关联"，文化数据和文化遗产之间，文字、声音、色彩、线条、形体等文化元素之间，图书、图片、图像等形态之间，一旦关联起来，就会产生文化新业态。

主权链呼之欲出

推动标识解析与区块链、大数据等技术融合创新，这是中办国办《关于推进实施国家文化数字化战略的意见》提出的另一项重要任务。

诞生于 2008 年的区块链，因为资本追逐数字货币而被关注。文化领域应用较早的，应该是版权保护，即应用区块链技术对作品进行鉴权，证明文字、视频、音频等作品的存在，保证权属的真实、唯一性。作品在区块链上被确权后，后续交易都会进行实时记录，实现数字版权全生命周期管理，也可作为司法取证中的技术性保障。

　　当数字藏品风靡市场，数字藏品平台如雨后春笋激增，随之暴露的是对市场交易合规性的质疑、数字藏品版权纠纷等问题。数字藏品可否上链，成为业界谋划的一条出路。专门为数字藏品量身定做的联盟链，相继登场亮相。中国数字文化集团有限公司携手中国联通、联合中国文物交流中心、大有国联控股有限公司、北京文投集团等推出"中国数字文化链"。

　　区块链与关联链具有很多共同点，比较显著的有三个方面：一是分布式结构。区块链数据的存储、传输、验证等过程均基于分布式的系统结构，国家文化大数据体系建立在物理分布、逻辑关联的基础上，各文化机构的数据采取分布式存储。二是数据永久性。区块链数据一旦上链存储，就无法撤回和删除。关联链的标识编码的分配与使用也具有永久性，除特定情况标识编码允许被注销，一般情况下标识编码将被永久分配给一个特定的关联，永远不得改变、更换或重复使用。三是透明性。区块链具有人人都可查阅的特性，每个人都可以在任何一个有网络的地方，查询区块信息。国家文化大数据标识注册中心门户网站也提供 ISLI 关联编码元数据检索和查询服务，用户输入标识编码可以查询公开元数据内容，查找与某个元数据相关的标识编码。

　　文化科技创新服务联盟基于长安链技术体系以及国家文化大数据相关标准建设"文化联盟链"，面向数字化文化消费新场景提供区块链服务，为国家文化大数据应用提供文化数字内容的版权保护、确权、交易、消费等全链条开放服务，促进网络消费、定制消费等新型文化消费发展。同时与全国文化大数据交易中心共同牵头制定国家文化大数据体系团体标准——《基于区块链的文化数字内容跨域共享技术要求》。

当区块链融入标识解析体系，作为文化数字化"底座"的ISLI，就被赋予新的使命与功能——主权链，对接各种联盟链，支持同构和异构区块链接入，将区块信息相关数据嵌入标识编码，导入 ISLI 注册系统，由国家文化大数据标识注册中心永久保存。

专栏 4.2
数字藏品风靡市场

2022 年"618"，天猫、京东等电商平台纷纷联合品牌方推出数字藏品。早在 2021 年 6 月，蚂蚁集团就发布了"蚂蚁链粉丝粒"小程序，并很快联名敦煌美术研究所，推出了限量 8000 份的 NFT 付款码皮肤，售价为 9.9 元加 10 支付宝积分。两个月后，腾讯上线国内首个数字藏品交易平台"幻核"。2021 年 12 月，蚂蚁也将小程序升级为数字藏品App"鲸探"。此后，网易、QQ 音乐、京东、哔哩哔哩、天猫都以发行 NFT 或上线交易平台的方式布局了行业。

与使用公链、加密货币交易的 NFT 不同，国内数字藏品平台出于合规考虑，均强调使用联盟链、法币交易。2022 年 4 月 13 日，中国互联网金融协会、中国银行业协会和中国证券业协会发布《关于防范 NFT 相关金融风险的倡议》，为遏制"NFT 金融化证券化倾向"提出六条规范，包括金融产品不可以 NFT 化、不可以削弱非同质化特征、不为 NFT 交易提供集中交易、设立交易场所、不使用虚拟货币、实名认证、不直接或间接投资 NFT。

王宇:《数字藏品 NFT:下一场击鼓传花的游戏?》,中国新闻周刊微信公众号 2022 年 7 月 9 日。

第五章

发展数字化文化消费新场景

集成全息呈现、数字孪生、多语言交互、高逼真、跨时空等新型体验技术，大力发展线上线下一体化、在线在场相结合的数字化文化新体验。

利用现有公共文化设施，推进数字化文化体验，巩固和扩大中华文化数字化创新成果的展示空间。充分利用新时代文明实践中心、学校、公共图书馆、文化馆、博物馆、美术馆、影剧院、新华书店、农家书屋等文化教育设施，以及旅游服务场所、社区、购物中心、城市广场、商业街区、机场车站等公共场所，搭建数字化文化体验的线下场景。

—— 《关于推进实施国家文化数字化战略的意见》

常常听到有人埋怨，有数据不知道怎么使用。说白了，就是尚未打通消费"最后一公里"。中办国办《关于推进实施国家文化数字化战略的意见》给出了解决方案：一是开拓文化消费的新场景，即大力发展线上线下一体化、在线在场相结合的数字化文化新体验；二是巩固和扩大展示空间，即利用现有文化教育设施和公共场所，搭建数字化文化体验的线下场景。文化教育设施包括新时代文明实践中心、学校、公共图书馆、文化馆、博物馆、美术馆、影剧院、新华书店、农家书屋等，公共场所包括旅游服务场所、社区、购物中心、城市广场、商业街区、机场车站等。

多网多终端分发文化数字内容

中办国办《关于推进实施国家文化数字化战略的意见》强调，为确保文化资源数据安全，数据采集、存储、加工生产采取闭环管理，即在国家文化专网内进行。同时要求发挥好国家文化专网网关物理隔离作用，对数据共享、关联、重构等主体实行准入管理。

闭环不是封闭。生产是闭环的，但消费是开环的：

——通过国家文化专网和电视机"大屏"，将文化数字内容分发到千家万户；

——对接互联网消费平台，将文化数字内容分发给移动终端

"小屏"和交互式网络电视机"大屏";

——通过国家文化专网，将文化数字内容分发到学校、文化馆（站）、书店等公共文化设施以及商场、景区、车站、码头、城市广场等公共场所。

数字化文化新体验包括线上线下两大块，线上包括大屏和小屏，线下包括文化教育设施和公共场所。其中，文化教育设施包括新时代文明实践中心、学校、公共图书馆、文化馆、博物馆、美术馆、影剧院、新华书店、农家书屋等，公共场所包括旅游服务场所、社区、购物中心、城市广场、商业街区、机场车站等。

广电网络公司过去主要是传输广播电视节目，服务对象主要是居民家庭。国家文化专网极大拓展了有线电视网络的业务空间，对接互联网消费平台和各类文化体验场所，多网多终端分发文化数字内容，广电网络公司的服务对象从居民楼扩展到写字楼、教学楼以至广场。

白天观景晚上体验文化

文化重在体验。文化体验不仅可以让收藏在禁宫里的文物、陈列在广阔大地上的遗产、书写在古籍里的文字都活起来，而且让革命文化和社会主义先进文化动起来。文化体验需要场景化。随着新型体验技术的广泛应用，只要有空间，就能够营造出场景，家庭客厅、教室、景区、阅览室、商场、机场、车站、剧场、书店等等空间，都可以改造成场景化的文化体验场所。

根据空间规模，线下文化体验场所可分为三种：一是文化体验园，主要建在旅游景区，把博物馆的藏品"活化"到旅游景区，实现文化和旅游的深度融合；二是文化体验馆，主要建在中小学校园，比照以往电教室的模式，在每一个学校里建一个文化体验馆，甚至把整个校园建成弥漫式或沉浸式的文化体验场所；三是文化体验厅，主要建在社区、家庭以及公共图书馆、文化馆、博物馆、美术馆、影剧院、新华书店、农家书屋等文化设施。无论是文化体验园，还是文化体验馆或厅，都不能走主题公园的老路——内容一成不变，应当是类电影院模式——内容时时可更换。

先说在旅游景区建设文化体验园。

旅游休闲式、集群式的特点，很适合文化体验、文化传播。文化是旅游的灵魂，旅游是文化的载体，作为一种理念很快被旅游界所接受，并不断付诸实施。实景演出是一种很好的文化体验方式，也有不少成功案例。但实景演出需要一定的空间和游客数量支撑，投入较大、运维成本较高，并不适合所有的旅游景区。

2018 年，国家组建文化和旅游部，带给人们的不仅是"诗和远方"的遐想，也包括对文化和旅游实现深度融合的期待。现实是，大多数旅游景区仍然以自然景观为主，游客要领略当地历史文化，必须进城走进博物馆、文化馆、美术馆等。

如何实现白天观景休闲、晚上体验文化？这应该是文化和旅游实现深度融合需要解决的问题。

中办国办《关于推进实施国家文化数字化战略的意见》强调，充分利用旅游服务场所等公共场所，搭建数字化文化体验的线下场景。这表明，国家已在顶层设计上为文化和旅游实现深度融合规划了路径，架起了桥梁。文化数字化可以为旅游景区搭建数字化文化体验的线下场景，提供文化数字内容的制作、交易、分发到传输落地的全方位综合性服务。促进文化和旅游深度融合，是国家文化数字化战略的题中应有之义。

深入挖掘像博物馆、图书馆、文化馆、档案馆等公共文化机构保管和收藏文化资源的构成，有个特点很明显，即这些文化资源同地域文化密切相关，是地域文化的物化或载体。地域文化应该成为数据采集、加工、挖掘与数据服务的一个维度。

只要有中华民族先民生活的地方，都有特色鲜明的地域文化，从中可以挖掘有价值的内涵与内容。比如，河北有"燕赵文化"，山西有"三晋文化"，山东有"齐鲁文化"，河南有"中州文化"，重庆、四川有"巴蜀文化"，江苏、浙江有"吴越文化"，湖北有"荆楚文化"，湖南有"湖湘文化"，福建有"八闽文化"，广东有"岭南文化"等等。

专栏 5.1
《中国地域文化通览》简介

由国务院参事室、中央文史研究馆组织全国各地近千位专家学者历时八年通力合作完成，由中华书局出版。

《中国地域文化通览》在时间上，上溯文化源头，下迄辛亥革命；在编撰体例上，按我国的行政区划各省区市各为一卷，连同港澳台共 34 卷，每卷分上编、下编，上编纵论历史，叙述文化发展历程，下编横分门类，介绍文化亮点、特色。

《中国地域文化通览》的编撰，被认为是填补了我国全方位、多视角研究地域文化的空白，为中国绘制了首部大型的分省文化地图，也是一部肩负弘扬中华优秀传统文化使命的大型学术著作，体现了学术性、现实性和可读性的有机统一。

来源：《〈中国地域文化通览〉：传承和弘扬中国地域文化》，《光明日报》2015 年 9 月 14 日。

地域文化内容丰富，挖掘得还远远不够。以"燕赵文化"为例，根据中华古典数字工程记载，燕赵有 14 位君主，言论作品有 4 万字，涉及 28 种典籍，最著名的就是《战国策》。同燕赵有关的成语大概是 100 条，还有《史记》直书"燕赵世家"的部分约 3 万字，内容非常丰富。燕赵有关的 100 条成语，每一条都可以再创造生产出形式多样的文化体验产品。

此外，在旅游景区搭建数字化文化体验的线下场景，不能走主题公园的老路，因为主题公园的内容往往一成不变，应当是类电影院模式，即文化体验的内容经常可更换，有国家文化大数据体系以及无数条数字化文化生产线的支撑，可以为文化体验不断更换内容提供保障，提供菜单式文化服务也是完全可能的。

沉浸式教学空间巨大

党的二十大报告提到的数字化只有两次，即教育数字化和文化数字化。文化和教育历来密不可分，我们接触最早的政府部门，应该就是文教局。

文化数字化成果可以支持教育数字化。大家对《清明上河图》并不陌生，这幅传世之作已被数字化，并做成了两种文化产品：一种在 2010 年上海世博会期间展出，是"动"起来的，一幅动感长卷，令参观者叹为观止；另一种是故宫制作的，叫作触摸式的，是会"说话"的，即经过高清晰扫描，由名家撰写对白、名演员配音，触摸这幅画的任何一个场景都会发出声音，再现张择端所描述的繁华景象。如果在历史课上，教师讲到《清明上河图》时，让学生亲手触摸故宫制作的会"说话"的《清明上河图》，比单纯看课本上的《清明上河图》局部图，教学效果会更好。

再举个地理课例子。地球的公转和自转是地理课必讲的内容，但许多人说毕业这么多年了，即使是受过理工科的高等教育，也对公转和自转的概念很模糊。如果把北京科学教育电影制片厂的相关纪录片，从胶片转成数字的，将教室改造成沉浸式的，让学生置身于宇宙之中去体验地球的公转和自转，对于启迪青少年的立体思维是大有裨益的。

这些年，中央提出红色文化进校园、优秀传统文化进校园以及戏曲进校园。可不可以比照过去搞电教馆的模式，把电教馆改造成为沉浸式、互动型的文化体验馆。2021年7月，教育部会同中央网信办、国家发展改革委、工业和信息化部、财政部、中国人民银行发布了《关于推进教育新型基础设施建设构建高质量教育支撑体系的指导意见》，提出"建设教育专网"的要求。通过教育专网对接国家文化专网，把适合纳入国民教育体系的文化数字内容，源源不断地呈现于文化体验馆，让青少年零距离分享中华文化数字化成果，增强民族自豪感和文化自信心。

中国公共关系协会文化大数据产业委员会牵头制定的团体标准中，专门有一个标准是《文化体验馆技术要求　第1部分：沉浸式教室》，明确沉浸式教室是将高分辨率影像投射技术、计算机图形技术、画面曲面矫正融合技术、临境声场技术以及摄像机轨迹反求技术等现代影像、声学传播技术有机结合在一起，通过人机识别交互方式，将平面化、文字化的学习内容动态立体图像化，为受教育者提供传统教材无法实现的音视频覆盖沉浸式学习氛围，提升受教育者获取知识主动性，提升记忆知识形象化的教学场所。

倡导文化养老

文化体验厅是第三类线下文化体验场所，范围很广。比如社区，在城市包括老年社区、党建社区，在农村包括新时代文明实践中心、文化礼堂、文化大院等。再如家庭，要把家庭客厅变成文化体验厅，需求和空间非常大。还有文化设施中的新华书店，全国有近1万个网点，都可以尝试着划出一定区域建文化体验厅，可以结合新书发布、各类讲座，做文化体验。至于公共图书馆等公共文化机构，规模都很大。

举一个例子，现在地产开发商们热炒一个概念，叫"康养"，即健康养老。为什么不用文化养老？老年人对医疗保健的需求，肯定比年轻人大，这是正常的，但对精神文化的需要也是不能小觑的。老年人当身体状况比较好时，可以到处去旅游，随着年龄增加不宜远行时，往往会有些小小的遗憾，比如说没到过敦煌。敦煌研究院已将莫高窟的壁画数字化，通过国家文化专网，即使在老年社区也可以欣赏每个窟的壁画，而且专门有人讲解，最大限度地满足老年人的精神文化需要。文化体验发展空间非常大。

2013年至2016年，原文化部开展全国美术馆藏品普查，藏品涵盖绘画、书法篆刻、雕塑、工艺美术、设计艺术、民间美术等各种类型的美术作品，藏品实际数量592663件，藏品图片820288幅，数据总量6.9TB。[1]如果每年从中挑选20幅，通过国家文化专网就可以分发到千家万户，拓展了中华文化数字化成果全

1　全国美术馆藏品普查工作办公室:《全国美术馆藏品普查工作简报（第六十一期）》2018年12月27日，http://ccamc.mct.gov.cn/pcb/tongzjb/201812/2fdb3b8e29464b7fa2ba364721292a70.shtml。

民共享。**1**

建设中华文化体验园

2017 年国庆节前夕，北京市发改委召开座谈会，讨论南中轴地区发展规划。根据习近平总书记两次视察北京的重要讲话，以及中央批复的《北京城市总体规划（2016 年—2035 年）》，市委书记对南中轴的发展定位很明确：要将其建设成为生态轴、文化轴和发展轴。

北京市发改委会同丰台区形成了南中轴地区概念性规划研究初稿。规划研究的指导思想明确：以文化功能为主，延续历史文脉，展示传统文化的精髓，体现大国首都文化自信。按照当时的规划设计，拟将地处南三环与南四环之间的大红门地区（7.6 平方公里），规划建设"文化功能区"，建设项目包括国家地质博物馆、北京规划展览馆等一系列高品质博物馆，同时利用该地区已有的中央歌剧舞剧院、中央芭蕾舞团、中国评剧院、中国戏曲学院等资源优势，发展演艺、时尚音乐等文化产业。

在规划研究过程中，包括北京市规划委在内的部门和专家普遍认为，仅有以上建设项目还是不够的，应该在南中轴地区规划建设一个新的文化地标性项目。但是，如何选择新的文化地标性项

1　每户每年收取服务费 100 元，仅此一项收入至少在百亿元规模，回馈美术馆足以推动美术馆事业的大发展。

目，难度非常大，因为北中轴上有享誉全球的故宫，新地标在地位上要与故宫不相上下。

故宫有六百年的历史，中华民族有五千年以上的文明史，如果在南中轴建设"中华文化体验园"，采用数字化手段呈现中华文明成果，这样的文化地标同全国文化中心地位是相匹配的。

随着国家文化数字化战略的实施、国家文化大数据体系的建设，规划建设"中华文化体验园"的条件和时机已经成熟：

首先，中华民族五千多年文明历史所孕育的中华优秀传统文化，以及党领导人民在革命、建设、改革中创造的革命文化和社会主义先进文化，足以支撑"中华文化体验园"年年都有新内容、季季都有新体验、月月都有新感受。

其次，全景式呈现中华文化不再是构想。一方面公共文化机构、文化生产机构和高校科研机构把收藏的文化瑰宝，通过数字化转化为文化资源数据，另一方面经过文化企事业单位和文化科技企业将文化资源数据加工生产成文化数字内容，为"中华文化体验园"源源不断提供各类体验性文化产品和服务，呈现给世人的就是一幅幅完整的中华文明画卷。

再次，北京是中国的首都，全国文化中心应当吸引全国各地参与建设，"中华文化体验园"则是各地区展示本地区地域文化数字化创新成果的大平台，在统一规划下，各自展现各地的特色和风采。

最后，全国文化中心以"中华文化体验园"为窗口，打通文化事业和文化产业，畅通文化生产和文化消费，融通文化和科技，为文化建设提供新思路、新路径。"中华文化体验园"不只是展示文化数字化成果的平台，而且是文化创新创造基地，能够吸引成百上千家文化科技企业入驻，创作生产中华文明数字化成果，成为引领全国乃至全球的文化创新高地。

选好元宇宙入口

元宇宙已成为当下热门的话题，不只在投资界热炒，学术界也掀起讨论热潮，这股热浪甚至已波及政界，武汉、上海、浙江等地已将元宇宙写入政府工作报告，工信部计划培育一批进军元宇宙等新兴领域的创新型中小企业。

元宇宙这股热潮是国内外互联网巨头带起来的，Facebook 改名为 Meta，微软收购动视暴雪，字节跳动收购 VR 硬件制造商 Pico（小鸟看看），百度推出"希壤"，腾讯希望从游戏下手打造自己元宇宙，等等。从盈利模式是否成熟看，当前元宇宙的布局主要涉及游戏、社交、会展、演出、教育等领域，文化体验、休闲娱乐成为主要应用场景。

文化领域已具备元宇宙发展的基础条件：

1. 文化"活起来"为元宇宙发展提供强劲需求。文化重在体验，元宇宙运用虚拟现实（VR）和增强现实（AR）以及混合现实（MR）、扩展现实（XR）等技术，为用户提供身临其境的沉浸式互动体验，甚至可以让人们获取真实世界中无法体会的体验。让收藏在禁宫里的文物、陈列在广阔大地上的遗产、书写在古籍里的文字都"活起来"，需要搭建应用场景，元宇宙大有用武之地。

2. 文化资源数据化为元宇宙发展储备了海量数据。近年来，文化领域已建成或正在建的数字化工程项目众多，形成了种类较多、业态齐全、特色鲜明的文化专题数据库集群，涉及思想理论、文化旅游、文物、新闻出版、电影、广播电视、网络文化等不同领域，涵盖文字、音频、视频等不同形态，贯通五千年中华文明。元宇宙的起步阶段，就是要把现实世界数据化，从而把真实世界镜像于数字世界。文化资源数据化积累的海量数据，为元宇宙起好步奠定了坚实基础。

3. 有线电视网络和广电 5G 网络为元宇宙发展提供"连接"现实世界和数字世界的基础设施。"连接"是元宇宙发展的基础性问题，也是最核心的问题。沉浸式互动体验需要大量数据来支撑，这对数据传输提出更高的要求，有线电视网络一直是传输视频节目的，带宽是明显的优势，现在又有广电 5G 网络相配合，有线和无线相对接，为元宇宙搭建线上和线下应用场景提供支撑。

元宇宙发展离不开三大要素，即数字身份、数字资产和数字货币。数字身份是元宇宙的通行证，数字资产是元宇宙的财富形态，数字货币是元宇宙的"硬通货"。元宇宙每个用户都拥有唯一的身份识别码，谁掌控了编码的技术、规则和系统，谁就拥有元宇宙数字身份的认证权，扮演类似于现实世界的户籍警察。布局元宇宙的互联网巨头，都在紧盯数字货币，如扎克伯格的 Diem（过去叫 Libra），颇受国内互联网巨头青睐的 NFT（Non-Fungible Token 缩写，即非同质化代币）。数字货币的背后，是象征国家主权的"铸币权"，主权国家决不会放弃。只要牢牢把控数字身份的认证权、数字货币的发行权，就能抓住元宇宙发展的"牛鼻子"。

　　发展元宇宙必须选好入口，否则元宇宙的治理成本及难度，远远大于互联网治理，万万不能再走先发展、后治理的互联网之路，教训是深刻的。

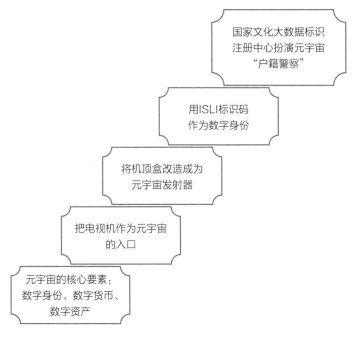

图 5.1　元宇宙的核心要素和入口

我们建议把电视机作为元宇宙入口，通过国家文化专网，将机顶盒改造成元宇宙发射器，用 ISLI 标识码作为数字身份，由国家文化大数据标识注册中心认定进入元宇宙的机构和个人的身份，扮演元宇宙户籍警察的角色。在此基础上，构建五千层以上的中华文化体验塔，作为中华文化数字化成果展示的空间，在家通过电视机走进中华文化体验塔，出门使用广电 5G 网络走进线下体验场所，逐步实现线上线下一体化、在线在场相结合。

第六章

文化数字化构建全新体系

　　到"十四五"时期末，形成线上线下融合互动、立体覆盖的文化服务供给体系。

　　到 2035 年，建成物理分布、逻辑关联、快速链接、高效搜索、全面共享、重点集成的国家文化大数据体系，中华文化全景呈现，中华文化数字化成果全民共享。

——《关于推进实施国家文化数字化战略的意见》

实施国家文化数字化战略，旨在构建从文化资源到文化生产再到文化传播、文化消费的全新体系，目标是到"十四五"时期末，形成线上线下融合互动、立体覆盖的文化服务供给体系，到2035年建成物理分布、逻辑关联、快速链接、高效搜索、全面共享、重点集成的国家文化大数据体系，中华文化全景呈现，中华文化数字化成果全民共享。在这样一种全新体系中，各类文化机构不分行业、不论级次，为了共同目标——形成文化服务供给体系、建成国家文化大数据体系、全景呈现中华文化、全民共享中华文化数字化成果——而生成数量众多的子系统，发生非线性的相互作用，在互相协同与合作中自发产生较为稳定的有序结构。

确立"大文化"格局

中国特色社会主义进入了新时代，文化已不再是与"教科卫"相并列的"小文化"，而是与经济、政治和社会相匹配的"大文化"，文化建设已被纳入中国特色社会主义事业总体布局，并与经济建设、政治建设、社会建设和生态建设一同部署、一同实施。

实施国家文化数字化战略，首先要树立"大文化"理念，确立"大文化"格局。

长期以来，文化在行政管理上被划分为若干行业，比如文化艺术、广播影视、新闻出版、网络文化等，并分属于不同行政部门。2018 年，党和国家机构改革之后，基本形成了文化旅游、文物、新闻出版、电影、广播电视、网络文化等行业格局。把文化划分为若干行业，在行政管理上有其合理性，但在文化被行政分业的状态下，"大文化"格局尚未形成。

　　1. 文化概念很容易被狭义理解。2018 年，《深化党和国家机构改革方案》指出：新组建的文化和旅游部负责统筹规划文化事业、文化产业、旅游业发展。这里所说的文化产业，确切地说是指文化艺术产业。依据是 2008 年国务院办公厅印发的原文化部的"三定方案"：原文化部负责拟订文化艺术产业发展规划，指导、协调文化艺术产业发展。[1] 文化艺术是同新闻出版、广播影视并列的行业，与文化艺术产业相对应的，是新闻出版产业和广播影视产业。自 2002 年以来，历届党代会报告中所说的文化产业是统称，它超越了部门范畴，在外延上涵盖文化艺术、新闻出版、广播影视三大领域，是个跨部门概念。根据《深化党和国家机构改革方案》，新组建的文化和旅游部的职责是：指导、促进文化产业相关门类和旅游产业及新型业态发展。之所以定位于文化产业"相关门类"，是因为文化产业在文化艺术产业之外还有其他门类，其它他门类分别由国家新闻出版署、国家广播电视总局和国家电影局负责统筹规划和指导协调。然而，时至今日，"大文化"格局尚未形成，提起文化

---

[1] 《国务院办公厅关于印发文化部主要职责内设机构和人员编制规定的通知》（国办发〔2008〕79 号），中央政府门户网站 2009 年 4 月 3 日。

产业，学界和媒体仍然局限于"小文化"，即文化和旅游部所管辖的产业。

2. 文化"大合唱"局面仍没形成。无论是 2018 年以前文化在行政管理上被划分为文化艺术、广播影视、新闻出版、网络文化，还是 2018 年以后被划分为文化旅游、文物、新闻出版、电影、广播电视、网络文化，从供应链角度看，文化不同行业之间是可以形成互补关系的，但文化行政分业造成了文化资源分割、行业壁垒，限制了文化资源的整合和优化。比如，文化部门"有资源、缺出口"，海量的藏书（公共图书馆）、藏品（公共博物馆、美术馆）长期沉眠于仓库，优秀的演艺人才不得不"借船出海"（接拍影视剧）；广电部门则"有渠道、缺内容"，虽然拥有上千个广播频率和电视频道，但是，电台电视台立足于广播电视节目的"自产自销"，导致总量不足和结构单一并存。

3. 投入产出比例失衡。无论是政府财政投入，还是企业资本投入，都是要考虑投入产出比的。文化行政分业不可避免地造成行业之间的隔阂甚至是行业壁垒，文化企业难以实现混业经营，生存和发展的业态空间狭窄，做出版的不能做广电产业，搞演艺的不能做出版业务，不管是国有文化企业，还是民营文化企业，投入多产出少、高投入低产出制约其做大做强。

早在 2011 年，中办国办印发的《国家"十二五"时期文化改革发展规划纲要》就对"实施文化数字化建设工程"做出了部署，明确要从文化资源到文化生产再到文化传播全面实现数字化。与此同时,《国家"十二五"时期文化改革发展规划纲要》突破了以往从行政管理上把文化划分为若干行业的思维定式,不再是文化艺术、广播影视和新闻出版三个文化行业规划的简单汇总、叠加,而是按照"大文化"的规划新思路谋篇布局,致力于建立文化"大创作"体制、创新文化"大生产"方式、构建文化"大传播"体系、打造文化"大消费"格局、开创文化"大贸易"局面。"大文化"突破了文化行政分业的局限,成为名副其实的"跨部门"概念。

党的十九届五中全会提出了文化的两个数字化,即公共文化数字化和文化产业数字化,《关于推进实施国家文化数字化战略的意见》将这两个数字化统称为文化数字化,体现了中央政策的连续性,同时也表明国家文化数字化战略中的文化,是"大文化"。"大文化"有助于改变文化行政分业造成的文化资源分割、行业壁垒,在更大范围实现文化资源优化配置,特别是释放海量的文化资源数据,必将促进文化数字化生产力的快速发展,为文化强国建设奠定坚实的物质基础。

架构国家文化大数据体系

中办国办《关于推进实施国家文化数字化战略的意见》在指导思想中明确,以国家文化大数据体系建设为抓手;在主要目标中确定,到 2035 年建成国家文化大数据体系。把握国家文化数字化战略的精髓,国家文化大数据体系是把钥匙。

国家文化大数据体系所指的大数据，在性质上属于供给侧的，是来源于文化资源的数据，是将中华民族积淀了五千多年的文化资源，转化为文化生产要素，使其成为文化创新创造的素材和源泉，从中提取具有历史传承价值的中华文化元素、符号和标识，丰富中华民族文化基因的当代表达，全景式呈现中华文化。这是国家文化大数据体系的本质特征。

国家文化大数据体系在架构上可概括为"两侧四端"，两侧分别是供给侧、需求侧，四端分别是资源端、生产端、消费端和云端。

表 6.1　国家文化大数据体系框架

供给侧	云端			需求侧
	资源端	生产端	消费端	

——资源端是指公共文化资源收藏或保管机构，比如博物馆、图书馆、美术馆、文化馆、档案馆、资料馆等公益性文化事业单位，也包括广播电台电视台、报刊社、出版社、文艺院团等文化生产机构。

——生产端是指文化资源数据采集加工生产的机构，生产端和资源端可能是重叠的，即作为公共文化资源的机构，同时从事文化资源数据的采集加工生产，但生产端和资源端也是分离的，一些并不拥有公共文化资源的机构或个人，是可以从事文化资源数据的采集加工生产的。

——消费端是指文化消费场所或机构，中办国办《关于推进实施国家文化数字化战略的意见》将线下文化消费场所分为两类，一类是新时代文明实践中心、学校、公共图书馆、文化馆、博物馆、美术馆、影剧院、新华书店、农家书屋等文化教育设施，另一类是旅游服务场所、社区、购物中心、城市广场、商业街区、机场车站等公共场所。

——云端是指服务于文化资源数据的存储、传输、交易和文化数字内容分发的机构，包括文化数据服务中心和文化数据服务平台两类。前者主要负责贯通各类文化机构的数据中心，多网多终端分发文化数字内容；后者主要负责搭建"数据超市"，为文化资源数据和文化数字内容的标识解析、搜索查询、匹配交易、结算支付等提供专业服务。

根据上述国家文化大数据体系架构，就可以把中办国办《关于推进实施国家文化数字化战略的意见》提出的重点任务逻辑推演图示如下（见图 6.1）。

图 6.1 体现了实施国家文化数字化战略的出发点，概括说就是发力供给侧、激活文化资源，实现文化生产体系现代化。换句话说，实施国家文化数字化战略，就是在构建从文化资源到文化生产再到文化传播、文化消费的全新体系。

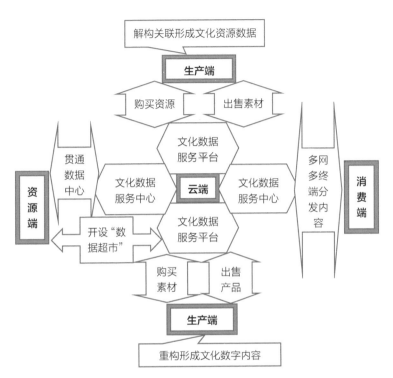

图6.1　中办国办《关于推进实施国家文化数字化战略的意见》重点任务分解图

事业和产业联动

　　文化产业和文化事业是社会主义文化繁荣发展的"一体两翼"，文化事业支撑文化产业发展，文化产业反哺文化事业繁荣。产业和事业的联系在于，今天的文化产品有可能成为明天的文化资源。同时，过去的文化资源可以变成今天文化产品的素材。

文化产业的本源是文化，但产业开发表层化、市场营销概念化的问题，制约了文化产业向纵深发展，拉长了"瓶颈期"。

数字化时代，产业发展靠数据驱动。驱动文化产业发展的数据，是具有真正文化内涵的数据，而且是真正的生产要素。我国拥有丰厚的文化资源，海量的文化资源大多数集中在公共文化机构，属于文化事业。这些年国家大力推动文化资源数字化，公共文化机构积攒了大量的文化资源数据，这些数据都可以转化为文化生产要素，成为文化创新创造的素材和源泉。

中办国办《关于推进实施国家文化数字化战略的意见》明确，要健全文化资源数据分享动力机制，要求建立文化资源数据授权体系，引导法人机构和公民个人有偿授权；将文化资源数据分享纳入国有文化企事业单位绩效考核范围，鼓励公益性文化机构积极探索将文化资源数据分享和开发取得的收入用于事业发展的办法，更重要的是合理确定绩效工资水平，也就是把文化资源数据分享和收入分配挂钩，鼓励国有文化企事业单位分享数据。

生产和交易并举

如果实施国家文化数字化战略的出发点，是发力供给侧，激活文化资源，实现文化生产体系现代化，那么，促进文化数字化生产力充分发展，是实施国家文化数字化战略的中心环节。如果仅仅从消费的角度，从互联网的视角，是不可能真正把握国家文化数字化战略的本质的。

在中办国办《关于推进实施国家文化数字化战略的意见》中关于生产环节有多个论述，包括：鼓励和支持文化旅游、文物、新闻出版、电影、广播电视、网络文化文艺等领域的各类文化机构接入国家文化专网，利用文化数据服务平台，探索数字化转型升级的有效途径；推动文化机构将文化资源数据采集、加工、挖掘与数据服务纳入经常性工作；创新文化表达方式，推动图书、报刊、电影、广播电视、演艺等传统业态升级，调整优化文化业态和产品结构；鼓励各种艺术样式运用数字化手段创新表现形态、丰富数字内容；培育以文化体验为主要特征的文化新业态，创新呈现方式，推动中华文化瑰宝活起来；在文化数据采集、加工、交易、分发、呈现等领域，培育一批新型文化企业，引领文化产业数字化建设方向；以企业为主体、市场为导向，推动文化产业与新型农业、制造业、现代服务业以及战略性新兴产业融合发展，培育新型文化业态，加快文化产业结构调整；发展乡村文化新产业，延续乡村文化根脉，助力乡村全面振兴。

图 6.1 呈现的全新体系具有完整性，资源、生产、交易（云端）和消费四端在空间上是并存的（见图 6.2），在时间上是继起的（见图 6.3），生产和交易是全新体系的枢纽。资源端的文化资源进入交易端交易，生产端拿到文化资源进行解构、关联，将文化资源转化为具有文化内涵的数据，再进入交易端进行交易，生产端获得素

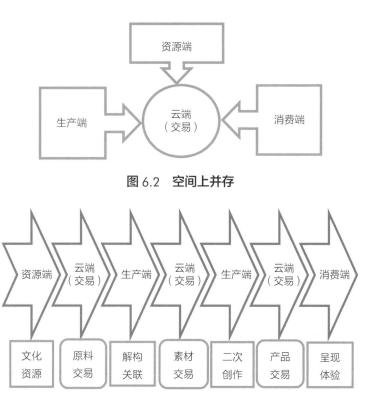

图 6.2　空间上并存

图 6.3　时间上继起

材进行重构，即二次创作，生产出文化数字内容，再进入到交易端出售，通过国家文化专网多网多终端分发，进入消费端。

专网和公网对接

专网主要服务于生产，各级广电网络公司把各类文化机构都

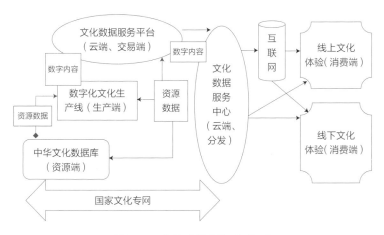

图 6.4 文化大数据运行体系

接入国家文化专网，在一个闭环系统汇集、加工文化资源数据，从资源端到生产端再到交易端形成了闭环（见图 6.4）。

生产在专网，是闭环的，但文化数字内容是多网多终端分发的，包括对接互联网平台，所以消费是开环的。

实施国家文化数字化战略，建设国家文化大数据体系，专网是可以同公网对接的，并不排斥公网，即互联网。对于个体而言，连接互联网的各类终端，可以很便捷地获得来自专网的文化数字内容。

文化和科技融合

近年来，文化新业态、文化新体验、产业新门类的快速发展体现了文化和科技融合程度的提高。

科技能够从硬件（文化装备）和软件（支撑技术）两方面助力文化数字化进程，而在这方面还有很大的发展空间。根据 2021 年规模以上各类别文化企业营业收入相关数据，其中内容创作生产占比最高，文化消费终端生产次之，但是文化装备生产营收仅有不到 7000 亿元。由此可见，文化装备的发展对于文化产业整体发展的支撑作用不够。面向文化的科技依然存在着信息不对称的问题，"两张皮"的现象仍比较严重，供给不足与消费过度并存。从总体看，文化装备不足以支撑文化发展，表现为供给不足；从局部看，某些文化装备制造超前，比如穿戴智能设备，造成装备很先进，但是数据跟不上，表现为消费过度。

中办国办《关于推进实施国家文化数字化战略的意见》的保障措施中，专设了提升科技支撑水平，要求将文化数字化共性关键技术纳入国家重点研发计划和地方科技计划的重点支持范围；在文化数字化建设领域布局国家技术创新中心、全国重点实验室等国家科技创新基地，鼓励相关部门、地方结合需求布局文化数字化科技创新平台；发挥国家文化和科技融合示范基地引领作用，推动文化数字化装备的规模化生产和应用。

传统和新兴互补

新冠肺炎疫情引发的线下线上"两重天"，折射出文化生产新旧两种体系。线下代表的是文化生产传统体系，即旧体系；线上代表的是文化生产新体系，即以互联网企业为代表的体系。以互联网企业为代表的新兴体系处于上升态势，但是以传统文化机构为代表的传统体系在数字时代呈现出消沉态势。现实中两种体系的摩擦甚至挤压非常严重，如果用"数字鸿沟"解释——新体系成员都是"原住民"，旧体系成员都在努力成为"移民"，比较悲观的是未成为"移民"的"难民"数量在增多。

对比分析文化生产新旧两种体系，彼此具有鲜明的优势互补特点，对方的优势恰恰弥补自身的缺陷，自身的优势恰恰是对方的短板，新体系的"缺口"恰恰可以由旧体系堵上，旧体系的"缺陷"恰恰是新体系的优势。

实施国家文化数字化战略所构建的全新体系，能够让文化生产新旧两种体系形成互补关系，并形成合力，推动文化数字化生产力充分发展。

表 6.2　新兴和传统体系优势互补

	新兴	传统
优势	互动	内容把关
	关联	人才积淀
缺口	内容公信度不高	互动性不够
		关联性不强

第七章

宣传文化战线"齐动员"

各地要把推进实施国家文化数字化战略列入重要议事日程，根据本意见因地制宜制定具体实施方案，相关部门要细化政策措施，确保各项任务落到实处。

推进实施国家文化数字化战略工作领导小组具体工作由中央宣传部承担。中央网信办、文化和旅游部、广电总局、国家文物局等部门和各省、自治区、直辖市以及各文化机构建立健全相应的领导体制和工作机制。

——《关于推进实施国家文化数字化战略的意见》

2022 年 3 月，中办国办印发《关于推进实施国家文化数字化战略的意见》，对实施国家文化数字化战略的指导思想、工作原则、主要目标、重点任务和保障措施做出了全面部署。5 月，《关于推进实施国家文化数字化战略的意见》经新华社、中央广电总台和人民日报社等中央主要新闻单位对外发布，立即引起社会各界的广泛关注。两家财经媒体用"巨大"一词概括其可能产生的影响力，落实两办文件的党委常委会从省级开到了县（区）级，文化旅游、新闻出版、广播电视等部门利用讲座等形式进行解读，文化馆、图书馆、广电网络等行业"领头人"纷纷表态全面融入国家文化数字化战略，活跃在一线的学术带头人撰写文章阐释《关于推进实施国家文化数字化战略的意见》，文化数字化已成为大型论坛、研讨会的主题。

一份专业性、技术性都很强的中央文件，能够引起如此大的反响，而且热度不减，充分表明中央关于实施国家文化数字化战略的决策是非常英明的。

十年磨一剑

早在 2011 年，中办国办印发的《国家"十二五"时期文化改革发展规划纲要》就已明确实施文化数字化建设工程，即对文化资源、文化生产和文化传播实施全面数字化。

先看文化资源数字化：从 2011 年至 2014 年，中央财政资助中国唱片总公司对 20 世纪 20 年代到 90 年代的约 13 万面唱片金属模板、4.5 万盘磁带母版的录音及相关的大量文字资料进行数字化处理，其中包括孙中山《勉励国民》《告诫同志》《救国方针》演讲实录和毛泽东、周恩来、朱德等党和国家领导人的讲话录音。此外，2013 年，中央财政用文化产业发展专项资金，支持中央新闻纪录电影制片厂（集团）完成了 9000 分钟的胶片转数字。

再看文化生产数字化：自 2013 年起，中央财政支持中央文化企业数字化转型升级，当年支持业务流程再造，2014 年支持数据库建设，2015 年支持建设行业级平台。此外，中央财政通过文化产业发展专项资金渠道，支持新闻出版业数字化转型升级项目 301 个。

最后看文化传播数字化：为加快有线电视网络数字化、双向化改造，国家给予有线电视网络公司税收减免优惠政策，"十二五"时期，仅企业所得税一项免税额近 80 亿元。此外，2012 年，中央财政支持北京歌华开展"电视图书馆"试验，2017 年，中央财政作为文化和科技融合项目予以支持，试验成果推广 9 个省市，覆盖高清互动电视用户近 5000 万户，老百姓足不出户即可阅览 170 万种中文图书、20 多万集名校名师讲座，还可以通过电视机购买图书。

在"十二五"时期文化数字化建设取得突破的基础上，2019年，国务院在向全国人大报告文化产业发展工作时，明确提出建设文化大数据服务体系的要求；同年，科技部会同中宣部等发布《关于促进文化和科技深度融合的指导意见》，在重点任务中明确：贯彻国家大数据战略，加强顶层设计，加快国家文化大数据体系建设。

2020年10月，党的十九届五中全会通过的《中共中央关于制定国民经济和社会发展第十四个五年规划和二〇三五年远景目标的建议》提出了两个数字化，即推进公共文化数字化建设和实施文化产业数字化战略，这标志着文化数字化已上升为国家战略。

2021年3月，十三届全国人大四次会议审议通过的《中华人民共和国国民经济和社会发展第十四个五年规划和2035年远景目标纲要》，开列了102项国家工程，国家文化大数据体系建设名列其中。

2022年3月，中办国办印发了《关于推进实施国家文化数字化战略的意见》。4月，中办国办印发了《"十四五"文化发展规划》，在加快文化产业数字化布局部分强调，以国家文化大数据体系建设为抓手，坚持统一设计、长期规划、分步实施，统筹文化资源存量和增量的数字化，以物理分布、逻辑关联、快速链接、高效搜索、全面共享、重点集成为目标聚集文化数字资源，推动文化企事业单位基于文化大数据不断推出新产品新服务，提升文化产品和服务的质量水平。同时开设了国家文化大数据体系建设专栏。

文化数字化从工程项目上升为国家战略，走过了十年历程，可谓"十年磨一剑"。

专栏 7.1
中央关于文化数字化战略的决策

2011年12月，中办国办印发《国家"十二五"时期文化改革发展规划纲要》，提出实施文化数字化建设工程。

2019年6月，国务院向全国人大常委会报告文化产业发展工作情况时提出，推动文化资源数字化，分类采集梳理文化遗产数据，标注中华民族文化基因，建设文化大数据服务体系。

2020年10月，党的十九届五中全会做出了推动公共文化数字化建设、实施文化产业数字化战略的决策部署。

2021年3月，十三届全国人大四次会议审议通过的《中华人民共和国国民经济和社会发展第十四个五年规划和2035年远景目标纲要》，把国家文化大数据体系建设列为重点工程。

2022年3月，中办国办印发《关于推进实施国家文化数字化战略的意见》。

2022年4月，中办国办印发的《"十四五"文化发展规划》指出，以国家文化大数据体系建设为抓手，推动文化企事业单位基于文化大数据不断推出新产品新服务。

2022年10月，实施国家文化数字化战略写进党的二十大报告。

中央和地方联动

为落实国家"十四五"规划和 2035 年远景目标纲要，全国有 18 个省、自治区、直辖市将国家文化大数据体系建设列入本地区"十四五"规划和 2035 年远景目标纲要。

中央及相关部委和地方发布的多项政策文件，明确提及文化大数据体系建设：

——中办国办印发的《关于推进新时代古籍工作的意见》，强调要加强古籍资源转化利用，并在第 12 项要点"推进古籍数字化"中明确：积极对接国家文化大数据体系，加强古籍数据流通和协同管理，实现古籍数字化资源汇聚共享。

——商务部等 27 部门发布的《关于推进对外文化贸易高质量发展的意见》提出："大力发展数字文化贸易，推进实施国家文化数字化战略，建设国家文化大数据体系。"发挥国内大市场和丰富文化资源优势，加强数字文化内容建设，促进优秀文化资源、文娱模式数字化开发。

——中央宣传部、国家发展改革委、教育部、科技部、民政部、财政部、人力资源社会保障部、文化和旅游部、国家文物局等九部门印发的《关于推进博物馆改革发展的指导意见》强调，推进博物馆大数据体系建设，主动对接国家文化大数据体系建设。

——国家电影局、国家发展改革委、自然资源部、生态环境部、住房和城乡建设部、国家广播电视总局六部门联合印发的《关于促进影视基地规范健康发展的意见》，提出充分利用国家文化大数据体系建设成果，切实提高影视特效制作水平。

——国家发展改革委印发的《长江中游城市群发展"十四五"实施方案》，提出"保护传承弘扬长江文化，推动博物馆、图书馆、文化馆等公共文化资源共享，推进国家文化大数据体系建设"。

——文化和旅游部发布的《"十四五"文化和旅游发展规划》和《"十四五"公共文化服务体系建设规划》明确，将相关文化大数据资源纳入国家文化大数据体系建设。

——国家广播电视总局发布的《广播电视和网络视听"十四五"发展规划》强调，有效发挥全国有线电视网络设施和广电 5G 网络在国家文化专网、国家文化大数据体系建设中的重要作用。

——国家广播电视总局发布的《关于推进智慧广电乡村工程建设的指导意见》，"推动乡村公共服务智慧化发展，主动融入国家文化数字化战略，积极参与文化大数据体系建设"被列入主要任务。

——北京市经济和信息化局发布的《北京市促进数字人产业创新发展行动计划（2022—2025 年）》提出，培育数字人数据要素市场。依托国家文化专网，将数字人纳入文化数据服务平台，汇聚文化数据信息，完善文化市场综合执法体制，依法合规开展数据交易业务，强化文化数据要素市场交易监管。

——中共江西省委办公厅、江西省人民政府办公厅印发了《江西省"十四五"文化发展规划》，全文 6 处提到文化大数据，包括建设江西省文化大数据云平台，推动将相关文化资源纳入国家文化大数据体系建设，促进公共文化服务数字化发展等内容。

——湖北省科技厅、宣传部、网信办、财政厅、文旅厅、广电局六部门联合印发《关于促进文化和科技深度融合的实施意见》，明确提出四个方面的重点任务，其中"加强荆楚文化大数据体系建设"纳入第 10 项具体任务。

河北、山西、内蒙古、辽宁、江苏、安徽、福建、江西、河南、湖南、广西、四川、云南、贵州、甘肃、宁夏等省份出台了推进实施国家文化数字化战略的实施方案。

动员宣传文化全战线的资源和力量

在调研和讨论过程中，有的地方提出，可否组建一家公司作为实施国家文化数字化战略的主体？组建公司可以，但推进实施国家文化数字化战略，不能仅仅依靠一二家文化机构，必须发动全战线共同参与。中办国办《关于推进实施国家文化数字化战略的意见》提出的重点任务，也是需要宣传文化全战线来承担的。

宣传文化全战线，从领域说包括思想理论、文化旅游、文物、新闻出版、电影、广播电视、网络文化文艺等，从部门说包括网信、文旅、新闻出版、电影、广播电视、文物等行业主管部门，任何部门都不应该置身于外。中办国办《关于推进实施国家文化数字化战略的意见》的起草工作是宣传文化各部门共同参与的，落实也必须由宣传文化各部门共同推动。

1. 依托已建数据库（媒资库），形成中华文化数据库。中办国办《关于推进实施国家文化数字化战略的意见》指出，统筹利用文化领域已建或在建数字化工程和数据库所形成的成果，按照统一标准关联零散的文化资源数据，关联思想理论、文化旅游、文物、新闻出版、电影、广播电视、网络文化文艺等不同领域的文化资源数据，关联文字、音频、视频等不同形态的文化资源数据，关联文化数据源和文化实体，形成中华文化数据库。

中宣部文改办同文旅部、广电总局和国家文物局相关司局以及部分中央宣传文化单位进行了工作对接，文旅部提供的工作对接清单包括全国古籍普查、全国美术馆藏品普查、非遗普查、地方戏曲剧种普查等数据，以及直属文艺院团和艺术研究机构的相关艺术档案数字资源，中国民族民间文艺发展中心的中国民族民间文艺基础资源数据库，故宫博物院提炼的中华传统纹样元素，国家博物馆、中国美术馆、中国国家画院、梅兰芳纪念馆等的藏品图像，国家图书馆和全国公共文化发展中心的自建数字资源和公共数字文化工程建设的数字资源，等等；广电总局提供的工作对接清单包括中央广播电视总台及各地各级广播电视播出机构、各类网络视听节目服务机构、广播电视节目制作机构的红色经典影像资源、珍贵历史影像资源、优秀科普影像资源、优秀文化类的节目、纪录片、影视剧、动画片等等；国家文物局提供的工作对接清单是全国馆藏文物数据库。

此外，部分中央文化企业也明确了工作对接清单，包括中国出版集团公司的文化符号、典籍、石刻、木版等 20 多个数据库，中央新闻纪录电影制片厂（集团）的红色经典影像、珍贵历史影像、优秀科普影像，中国数字文化集团公司的国家舞台艺术音像库，中国唱片集团公司的中华民族音乐与戏曲资源库及中华老唱片数字资源库，等等。

2. 依托有线电视网络设施，形成全国一体化文化大数据中心。中办国办《关于推进实施国家文化数字化战略的意见》指出，建设具备云计算能力和超算能力的文化计算体系，布局具有模式识别、机器学习、情感计算等功能的区域性集群式智能计算中心，构建一体化算力服务体系，为文化数字化建设提供低成本、广覆盖、可靠安全的算力服务。

专栏 7.2

来自基层文化工作者的四点建议

县域公共文化数字化是整个公共文化服务体系的"最后一公里"，直接对接群众，是群众文化工作做活、落地、调动最大范围积极性的阵地。由于工作力量不足、技术应用能力较差、经费投入有限等原因，县域公共文化数字化建设仍存在短板，数字文化服务成效尚不明显。为此，必须抓好四个方面：一是精准对接，构建上下贯通服务平台，丰富基层文化馆（站）数字文化服务内容。二是有效整合，完善地方特色文化资源，把地方文化资源转化成统一标准的数字资

源上传。三是合理布局，强化数字文化服务功能，整合党员
电教、智慧旅游、健身路径、图书场馆等项目，实现教育培
训、文化旅游、智能服务等功能。四是人才引领，促进数字
文化规范管理，降低管理成本，提高管理和服务效能。

马德良（上虞区道墟街道文化站）：《来自基层文化工作者的四点建议》，
《绍兴日报》2022 年 7 月 7 日。

2020 年 11 月，中国公共关系协会授牌建设八大国家文化大
数据体系区域中心，全国八家广电网络公司负责承建，任务是按照
区域级数据中心和智能计算中心的功能定位，上联国家文化大数据
全国中心，下接行政大区内省域中心。目前，五大区域中心的一期
建设已完成，正在推动二期建设。

江苏有线依托智慧广电云平台，在全国率先完成区域中心（一
期）建设，2022 年启动二期建设，实现 4 家华东区域省网公司互
联互通。江苏有线拥有全程全网覆盖的广电传输光纤网络资源，可
以为省内文化机构提供国家文化专网接入服务和算力服务。

3. 依托各类文化机构，搭建数字化文化生产线。中办国办《关
于推进实施国家文化数字化战略的意见》指出，鼓励和支持文化旅
游、文物、新闻出版、电影、广播电视、网络文化文艺等领域的各
类文化机构接入国家文化专网，利用文化数据服务平台，探索数字
化转型升级的有效途径。

不管是公益性文化事业单位，还是经营性文化企业，都有一
个数字化转型升级问题，否则就跟不上数字化步伐。数字化转型升

级的痛点是建平台，没有平台不行，在互联网上建平台投入很大，效果不好。文化机构接入国家文化专网，自然就导入了国家文化大数据体系，进入了四端——资源端、生产端、消费端和云端，文化机构就可以定位，打造专业化的数字化文化生产线。

中办国办《关于推进实施国家文化数字化战略的意见》明确，推动文化机构将文化资源数据采集、加工、挖掘与数据服务纳入经常性工作，将凝结文化工作者智慧和知识的关联数据转化为可溯源、可量化、可交易的资产，分享文化素材，延展文化数据供应链，推动不同层级、不同平台、不同主体之间文化数据分享，促进文化数据解构、重构和呈现的社会化、专业化、产业化。

中办国办《关于推进实施国家文化数字化战略的意见》解决了时下困扰数字化的大问题，即文化数据资产化。文化工作者从事数据采集和加工生产，必然付出劳动，而劳动创造价值，文化数据的价值高低决定于文化工作者付出的劳动量，文化数据的货币形态就形成了资产。只要文化数据有价值，就能通过交易转化为资产，就能够为文化机构带来收入。

地毯式扫数据，超大规模加工数据，将成为各类文化机构新的业务增长点。

4. 依托文化产权交易所，搭建"数据超市"。中办国办《关于推进实施国家文化数字化战略的意见》指出，支持法人机构和公民个人在文化数据服务平台开设"数据超市"，依法合规开展数据交易。文化产权交易机构要充分发挥在场、在线交易平台优势，推动标识解析与区块链、大数据等技术融合创新，为文化资源数据和文化数字内容的确权、评估、匹配、交易、分发等提供专业服务。

2022年3月，中央文化体制改革和发展领导小组办公室批复深圳文交所筹建全国文化大数据交易中心，深圳市委市政府高度重视，在深圳市委宣传部的指导下，深圳文交所在中国公共关系协会文化大数据产业委员会的技术协助下，于5月底完成交易系统的首轮测试，8月底交易系统正式上线试运行。

大数据交易系统强化公益性和开放性，开设"公共数据专区"，提供红色基因库和全国性文化资源普查等数据查询；实行"一码通"，即"一主体、一身份、一认证码"，交易主体凭码交易，凭码结算，开创了数据交易标准统一的先河；对进场交易的文化资源数据和文化数字内容实施动态监测，对敏感数据、敏感词语、敏感内容实时拦截；对可能影响交易价格或交易异常的行为予以重点监控，情节严重的采取相应技术措施予以提醒乃至限制、冻结相关交易。

5. 依托文化教育设施，形成场景化文化体验场所。中办国办《关于推进实施国家文化数字化战略的意见》指出，利用现有公共文化设施，推进数字化文化体验，巩固和扩大中华文化数字化创新成果的展示空间。

文化重在体验，文化体验需要场景化，现在的技术已经做到，只要有空间就能够营造出场景。中办国办《关于推进实施国家文化数字化战略的意见》提出利用两大类空间，搭建数字化文化体验的线下场景：一是文化教育设施，包括新时代文明实践中心、学校、公共图书馆、文化馆、博物馆、美术馆、影剧院、新华书店、农家书屋等，二是公共场所，包括旅游服务场所、社区、购物中心、城市广场、商业街区、机场车站等。

大兵团作战

实施国家文化数字化战略，建设国家文化大数据体系，不是一般意义上的工程项目，而是一项涉及面广、建设周期长、具有全局性和可持续的国家基础性工程；不是单兵突进，是跨部门"大兵团作战"。社会主义文化繁荣发展，靠单兵突破已经难以带来根本性突破和发展，而只有通过体系化建设，调动方方面面的力量，才能有效推进工作，实现根本性的突破和发展。

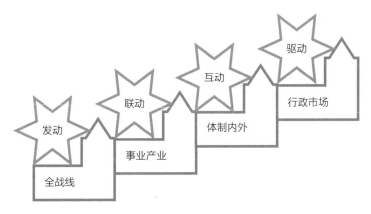

图 7.1 大兵团作战

文化数字化不再是纸上谈兵，是宣传文化全战线发动，涉及
200 万个文化法人单位、2000 万文化从业人员、200 万文化个体
户，涉及文化文物、新闻出版、电影、广播电视、网络文化等宣传
文化各领域。目前，各级领导高度重视、宣传部门大力协调、文旅
新闻出版广电文物部门协同推动、中央和地方联动互动的局面已经
形成。

确保文化数据安全

文化数字化的首要标准，就是数据安全标准，数据采集加工、
交易分发、传输存储及数据治理等环节，都需要制定文化数据安全
标准。涉及文化资源数据和文化数字内容的分类、标注、标识、编
码方法，支撑文化资源数据获取及共享以及数据加工生产，提供文
化体验服务的设施、装备和运营等，以及国家文化专网组网等方面
都应当规划制定相关标准。

数据安全是文化数字化的核心问题，或者说基础性问题，必
须为数据安全设置多道闸门：

1. 文化生产闭环。闭环不是封闭，国家文化专网首先是一张
生产网，创作生产文化数字内容是其首要功能，同时还具备分发功
能：线上线下一体化呈现，电视机"大屏"和移动终端"小屏"交
互联动，学校、商场、景区同步展陈。

2. 数据存储分布式。每家文化机构都有自己的数据，一般情

况下都在自己的数据中心存储，文化数字化不是把所有的数据都集中在一起，而是采取物理分布，就是谁的数据放在谁的数据中心，通过国家文化专网实现统一接口、统一标准、逻辑关联，最大限度解除文化机构的后顾之忧。

3. 标识解析可溯源。国家文化专网要运行，必须得有一个相当于互联网的域名解析的技术系统，即标识解析系统——标识编码登记注册和解析服务的技术系统。同时，各个文化机构的数据中心，也装配底层关联服务引擎和应用业务软件，文化数据从加工生产到交易、分发，再到消费、体验，在全生命链条均可溯源，确保文化数据的安全。

附 录 一

部分省份文化数字化战略实施方案

江苏省关于贯彻落实国家文化数字化战略的实施意见

一、总体要求

到"十四五"时期末，全省文化数字化基础设施和服务平台基本建成，各类文化机构的数据中心基本贯通，文化产业数字化布局基本完成，公共文化数字化建设跃上新台阶，省内全国爱国主义教育示范基地红色基因库建设全覆盖，文化数字化消费供给更加多元，文化数字化人才体系更加完善，文化数字化治理体系更加健全，江苏文化数字化建设水平走在全国前列。

到 2035 年，全面接入国家文化大数据体系，文化数字化生产力快速发展，中华文化和江苏地域文化全景呈现，文化数字化成果开放共享，江苏文化美誉度和国际传播影响力持续彰显。

二、重点任务

（一）关联建设中华文化数据库

1. 推进文化资源数据规范化建设

利用文化领域已建或在建数字化工程和数据库所形成的成果，全面梳理江苏文化资源，按照统一标准关联零散的文化资源数据，助力形成中华文化数据库。

2. 推进文化资源数据规范化建设

在文化机构数据中心或新建一体化机柜中部署底层关联服务引擎和应用软件，对接中华文化遗产标本库、中华文化素材库、中华民族文化基因库建设。贯通数字中国·大运河、江苏方志等已建或在建文化专题数据库，建强大运河和长江国家文化公园数字云平台、红色文化基因库等重大项目。

（二）夯实文化数字化基础设施

3.做强国家文化大数据华东区域中心

依托现有有线电视网络设施、广电 5G 网络和互联互通平台，部署提供标识编码注册登记和解析服务的自主可控技术系统，建设国家文化大数据体系华东区域中心，支持各设区市、县（市、区）文化数字化基础设施建设。

4.构建区域一体化算力服务体系

应用标识解析、区块链、边缘计算等新一代信息技术建设具有云计算能力和超算能力的文化计算体系，打造具有模式识别、机器学习、情感计算等功能的区域性集群式智能计算中心。

（三）共建文化数据服务平台

5.提升文化数据服务能力

提供文化资源数据和文化数字内容的标识解析、搜索查询、匹配交易、结算支付等服务，衔接互联网消费平台，实现文化数字内容多网多终端分发，提供平台消费数据精准分析服务。

6.新文化产权交易服务

支持法人机构和公民个人在文化数据服务平台开设"数据超市"，依法合规开展数据交易。公共文化资源数据应依法向公众开放。探索建设区域文化数据服务平台，提供文化资源数据和文化数字内容的确权、评估、匹配、交易、分发等专业服务。

（四）促进文化机构数字化转型升级

7.引导文化机构培育发展新动能

鼓励和支持省内各类文化机构接入国家文化专网。推动文化机构将文化资源数据采集、加工、挖掘与数据服务纳入经常性工作，将关联数据转化为可溯源、可量化、可交易的资产，促进评估交易专业化、公开化、市场化。

8.着力打造数字文化生产线

重点打造全媒体资源云服务、广播电视节目共享、数字出版发行、数字戏曲版权再利用、数字影视后期制作、动漫游戏卡通渲染、数字艺术体验等一批数字文化生产线。

（五）提升公共文化服务数字化水平

9.加强公共文化服务内容建设

统筹推进江苏省智慧图书馆体系、智慧文化馆体系、智慧博物馆体系、智慧美术馆体系、智慧方志馆体系建设，做优江苏公共文化云、江苏图书馆云、江苏县级广播电视节目共享平台，增强公共文化数字内容的供给能力。

10.夯实基层公共数字文化服务网络

依托文化数据服务平台，优化基层公共数字文化服务网络，加强面向困难群体的公共数字文化服务，扩大服务覆盖面与普惠性，构建儿童关爱、文体活动、社区电商等数字化创新应用场景。

11. 促进城乡公共文化服务一体化发展

完成智慧广电乡镇（街道）全覆盖，提升智慧广电乡村工程建设数字化、智能化水平，创新公共阅读和艺术空间，探索公益电影多样化供给方式，加快农家书屋数字化建设，推动数字技术在乡村公共文化服务中的快速、全面、深度应用。

（六）加快文化产业数字化创新布局

12. 打造数字文化产业集群

锚定影视与融媒体、工业设计、数字出版、动漫电竞、文博非遗、艺术品交易、文化装备、数智文旅、演艺体娱、网络视听十大重点领域，培育重点数字文化产业链。推动文化产业与新型农业、智能制造、现代服务业及战略性新兴产业融合发展。推进数字乡村建设，发展乡村文化新产业。

13. 壮大数字文化企业规模

支持传统文化企业数字化转型，提升全省中小型文化企业数字化应用水平，引进整合一批具备数字文化生态构建能力的平台企业、链主企业，培育储备一批拥有自主研发能力和市场竞争力的数字文化领军企业。建设一批数字文化楼宇总部、孵化基地、产业园区等高能级载体，打造文化数字化企业创业和发展的优质平台。

（七）发展数字化文化消费新场景

14. 创造数字文化消费新体验

创新云端展览、数字演艺、虚拟旅游、沉浸式体验等交互式手段，大力发展线上线下一体化、在线在场相结合的数字化文化新体验。

15. 培育数字文化消费新业态

推动文化消费产品数字化转型升级，丰富高清超高清影视、网络文学、社交电商等文化消费新业态，培育"客厅消费"、定制消费等新形式。推动"大屏""小屏"跨屏互动、融合发展。

16. 打造数字文化消费新载体

充分利用学校、公共图书馆等文化教育设施，以及城市广场、商业街区、机场车站等公共场所，结合环境景观布置、灯光氛围营造等手段，丰富数字化文化体验的线下场景。

（八）强化文化数字化智力支持

17. 推动文化数字化产教融合

支持有条件的高校建设文化数字化相关学科专业，大力推进新文科、新工科建设，加快服务文化数字经济的跨学科专业交叉融合。鼓励产教融合、校企合作，探索数字文化产业领域职业资格、职业技能等级与专业技术职称的有效衔接。

18. 储备培养数字化复合型人才

加大文化数字化人才在文化名家暨"四个一批"、紫金文化人才培养工程（省"333 工程"文化类）等国家和省级人才培养选拔中的比重，建立一批高端智库，引进培育一批数字文化领域的专业型、应用型、管理型的复合跨界人才。制定文化数字化复合型人才跨界交流任职、挂职锻炼政策。

19. 建立可持续数字终身教育

将数字素养培育纳入各级教育教学，强化个人数据价值的意识教育，完善职业群体数字技能的线上线下再培训与就业转型再指导，培养面向智能时代的数字人才。

（九）完善文化数字化治理体系

20. 健全数字文化治理要素

完善市场准入、市场秩序、技术创新、知识产权、安全保障等政策制度。提高文化数字化政务服务效能。完善文化市场综合执法体制，强化文化数据要素市场交易监管。充分发挥行业协会等社会组织的行业协调、自律作用，做好文化数字化信用评价。

21. 参与建设文化数字化标准体系

积极参与国家文化数字化标准体系建设，推广信息与文献相关国际标准，加大对相关机构和人员培训力度。以标准化建设推进全省数据开放共享机制形成，构建双向共享的数字文化新生态。

22. 加强数字文化安全保障

建立健全全流程文化数据安全管理制度，确定重要文化数据目录，明确重要文化数据出境安全管理举措。发挥好国家文化专网网关物理隔离作用，对数据共享、关联、重构等主体实行准入管理。完善文化资源数据和文化数字内容的产权保护措施。确保进入传播或消费渠道的内容可管可控。

三、组织保障

（一）加强组织领导

成立江苏省推进实施国家文化数字化战略工作领导小组，在省文化改革发展领导小组指导下开展工作。江苏省推进实施国家文化数字化战略工作领导小组具体工作由省委宣传部承担，省有关部门、各设区市及各文化机构建立健全相应的领导体制和工作机制。

（二）推动政策落实

各设区市要把推进实施国家文化数字化战略列入重要议事日程，落实重点工作任务，实施方案和重大举措要按规定程序报批。各地区各有关部门要加强对本意见实施情况的跟踪分析、协调指导和效果评估。江苏省推进实施国家文化数字化战略工作领导小组适时对工作进展及任务落实情况进行督查。

（三）强化财政金融支持

研究制定扶持文化数字化建设的产业政策，统筹省级财政现有专项资金，加大对文化数字化建设投入力度。吸引社会资本投资文化数字化建设项目。鼓励金融机构开发适应文化数字化建设特点和需求的信贷产品。支持符合条件的数字化文化企业上市融资。鼓励股权投资类基金加大对数字化文化企业的投资力度。探索建立文化资源数据价值评估体系，健全与资金需求和期限相匹配的筹资渠道。

（四）提升科技支撑水平

将文化数字化共性关键技术纳入省科技计划支持范围。鼓励支持有条件的设区市、相关部门探索建设数字文化产业（技术）创新中心、国家有关部委重点实验室等创新平台。推荐申报一批国家文化和科技融合示范基地，充分发挥示范基地引领作用。推动文化数字化装备的规模化生产和应用。

（五）健全监测考核制度

健全文化数字化统计监测体系。建立文化资源数据授权体系，引导法人机构和公民个人有偿授权。将文化资源数据分享纳入国有文化企事业单位绩效考核范围，鼓励公益性文化机构积极探索将文化资源数据分享和开发取得收入用于事业发展的办法，合理确定绩效工资水平。

关于推进福建文化数字化战略的实施方案

为贯彻中共中央办公厅、国务院办公厅印发的《关于推进实施国家文化数字化战略的意见》，落实党中央关于推动公共文化数字化建设、实施文化产业数字化战略的决策部署，围绕新时代数字福建建设，落实省委、省政府关于我省文化数字化的工作部署，积极应对把握新一轮数字科技革命和产业变革新机遇和挑战，以高质量文化供给增强人民群众的文化获得感幸福感，加快建设文化强省，现就推进实施福建文化数字化战略提出如下实施方案。

一、总体要求

（一）指导思想。以习近平新时代中国特色社会主义思想为指导，深入贯彻落实党的十九大和十九届历次全会精神，坚持马克思主义在意识形态领域的指导地位和党对我省文化数字化建设领域的领导，深入贯彻落实习近平总书记关于新时代文化建设工作的系列重要论述和来闽考察重要讲话精神，认真落实省第十一次党代会精神，围绕推进实施我省文化数字化战略，加快建成文化强省的目标，以国家文化大数据体系建设为抓手，深入推进我省公共文化数字化建设和文化产业数字化发展，提升我省文化软实力，为全方位推进高质量发展超越，奋力谱写全面建设社会主义现代化国家福建篇章贡献文化力量。

（二）工作原则

1. 坚持以人为本，全民共享。坚持以人民为中心，坚持把社会效益放在首位，文化数字化为了人民，文化数字化成果由人民共享。

2. 坚持数字转型，科技引领。深化文化领域供给侧结构性改革，推动文化存量资源转化为生产要素，依托数字科技拓展文化领域数字化应用场景，改造提升传统行业，加快发展新型文化企业、文化业态和文化消费模式。全面提升文化科技创新能力，集成运用先进适用技术，促进文化和科技深度融合，推动我省数字文化发展方式转型。

3. 坚持数据驱动，激活市场。深入落实国家文化大数据体系建设部署，促进文化数据资源融通融合，综合运用我省文化大数据，精准研判文化消费结构、习惯和特征，运用新技术培育文化消费形态、拓展消费链条、畅通消费渠道，激活释放多元化文化需求。

4. 坚持系统观念，融合发展。强化顶层设计和政策引导，统筹政府和市场作用，以重点工程为牵引，稳步推进实施我省文化数字化战略。抢占数字文化经济的发展制高点，加快文化资源数字化和文化产业数字化，深入推进数字文化产业与相关数字经济、实体经济深度融合，构建数字文化创新生态体系。

（三）主要目标。到"十四五"时期末，建成完善我省文化数字化基础设施和服务平台，基本贯通各类文化机构的数据中心，基本完成我省文化产业数字化布局，公共文化数字化建设跃上新台阶，形成线上线下融合互动、立体覆盖的文化服务供给体系，形成引领行业、国内领先的数字文化发展高地。

到 2035 年建成物理分布、逻辑关联、快速链接、高效搜索、全面共享、重点集成、融通全国的国家文化大数据体系福建数据库，文化数字化生产力快速发展，福建文化全景全面呈现，福建文化数字化成果全民共享、优秀创新成果享誉海内外。

二、深入推进实施福建文化数字化工程

（一）福建文化数据库关联形成工程。充分利用我省文化领域已建或在建数字化工程和数据化所形成的成果，推动文化资源科学分类和规范标识，按照统一标准关联零散的文化资源数据，打造福建文化数据库。依托信息和文献相关国际标准，在文化机构数据中心部署底层关联服务引擎和应用软件，按照"物理分布、逻辑关联"原则汇集文化数据资源，贯通已建或在建文化专题数据库。

重点项目一：红色基因库（福建）建设项目。以中宣部公布的全国爱国主义教育示范基地为目标对象，分批次将各示范基地的陈列品、纪念碑（塔）、出版物、音视频等进行高精度数据采集，按照统一标准进行结构化存储，并以历史事件、英烈人物、感人故事为线索，对红色文化数据进行专业化标注和关联，通过有线电视网络实现全国联网，依法依规面向全社会开放。推进龙岩红色基因数字化传承基地建设。（责任单位：省委宣传部，省文旅厅、省文物局、省发改委，福建广电网络集团，各设区市、平潭综合实验区文改办）

重点项目二：中国文化遗产标本库（福建）建设项目。按照统一标准，将文物、古籍、美术、地方戏曲剧种、民族民间文艺、农耕文明遗址等数据资源，结构化存储于福建广电网络集团承建的国家文化大数据福建分平台，并通过有线电视网络实现全国联网，依法依规面向全社会开放。（责任单位：省文旅厅、省文物局、省发改委，福建广电网络集团，各设区市、平潭综合实验区文改办）

重点项目三：中华文化数据库（福建）项目。按照统一标准关联思想理论、文化旅游、新闻出版、电影、广播电视、网络文化文艺等不同领域文化资源数据，关联文学、音频、视频等不同形态的文化资源数据，关联文化数据源和文化实体，基于福建广电网络集团承建的国家文化大数据福建分平台，推进中华文化数据库（福建）项目建设。鼓励我省公共文化机构、文化生产机构和高校科研机构将采集和解构的数据导入中华文化数据库（福建）平台。按照"谁开发、谁所有、谁受益"原则，实现社会化、专业化、产业化。鼓励有资质的机构和个人参与中华文化数据库（福建）平台建设。（责任单位：省委宣传部，省文旅厅、省广电局、省发改委，省属国有文化企事业单位，各设区市、平潭综合实验区文改办）

（二）文化数字化基础设施夯实工程。依托我省现有有线电视网络设施、广电5G网络和互通平台，部署提供标识编码注册登记和解析服务的技术系统，完善结算支付功能，建设国家文化大数据体系福建中心，接入国家文化专网。

重点项目一：国家文化专网接入项目。依托我省现有有线电视网络设施和互联互通平台，升级改造建设国家文化专网福建节点，依托文化数据接入标准，部署标识编码注册登记和解析服务系统。（责任单位：省委宣传部，省发改委、省广电局，福建广电网络集团）

重点项目二：国家文化大数据福建中心建设项目。推动国家文化大数据福建中心建设，接入国家文化专网、对接文化单位数据，实现文化资源数字化录入和标注、数字文化资源在云端"物理分布、逻辑关联"，并通过福建广电网络设施延伸至 TV 端或移动端，服务文化资源数据的存储、传输、交易和文化数字内容分发。（责任单位：省委宣传部，省发改委、省广电局，福建广电网络集团）

（三）文化数据服务平台搭建工程。建设文化数据服务平台，为我省文化数据、信息、产品等确权、交易、结算和支付提供能力服务。坚持将社会效益放在首位的原则，促进公共文化资源数据开发后的交易，推动公共文化资源数据依法向公众开放。

重点项目一：全国文化大数据交易（福建）平台建设项目。搭建我省文化大数据交易平台，汇聚文化数据信息，集成同文化生产适配的各类应用软件和工具，提供文化资源数据和文化数字内容的标识解析、搜索查询、匹配交易、结算支付等服务，实现跨层级、跨地域、跨系统、跨业态的数据流通和协同治理，并与互联网消费平台衔接，为文化数字内容提供多终端分发服务，对平台消费数据进行分析加工，提供精准数据分析服务。（责任单位：省委宣传部，省发改委、省广电局，福建广电网络集团）

重点项目二："数据超市"建设项目。搭建具有标识解析、搜索、查询、匹配、交易和结算支付功能的数据超市平台，支持我国法人机构和公民个人在文化数据服务平台开设"数据超市"，依法合规开展数据交易。（责任单位：省委宣传部，省广电局、省发改委，福建广电网络集团）

重点项目三：福建省文化产业大数据中心项目。依托互联网技术和平台，构建全省统一的文化产业大数据平台，搭建全省文化产业数据库、政策信息数据库、文化企业数据库、文化产业招商项目库、文化艺人数据库、文化遗产项目库、文化企业融资服务需求项目库等一系列文化产业数据库，通过统一管理及运营，破解信息孤岛、实现文化产业信息快速对接，为文化企业和相关机构、人员提供信息服务，为金融机构等服务文化产业发展提供信息数据支撑，提升全省文化产业数据应用水平。（责任单位：省委宣传部，省文旅厅、省广电局、省发改委，福建广电网络集团）

（四）文化机构数字化转型升级工程。推动我省文化旅游、文物、新闻出版、电影、广播电视、网络文化文艺等领域的各类文化机构接入国家文化专网，利用文化数据服务平台，探索数字化转型升级的有效途径，改造提升传统动能，培育发展新动能。

重点项目一：各类文化机构接入国家文化专网项目。推动福建日报社、省广播影视集团、海峡出版发行集团、福建广电网络集团等国有文化企事业单位率先将文化数据接入国家文化专网，发挥示范引领作用。推动全省各类文化机构将文化旅游、文物、新闻出版、电影、广播电视、网络文化文艺等文化数据按照国家统一标准，通过文化数据服务平台接入国家文化专网。(责任单位：省委宣传部，省文旅厅、省广电局、省文物局，省文联，省属国有文化企事业单位，各设区市、平潭综合实验区文改办)

重点项目二：数字化文化生产线建设项目。推动全省各类文化企业和文化机构将文化资源数据采集、加工、挖掘与数据服务纳入经常性工作，充分利用我省文化数据服务平台，将文化数据转化为文化资产，延展文化数据供应链。(责任单位：省委宣传部，省发改委、省文旅厅、省广电局，各设区市、平潭综合实验区文改办)

(五)数字化文化消费新场景工程。充分发挥数字中国建设峰会等平台优势，集成运用新型数字科技体验技术，大力发展线上线下一体化、在线在场相结合的数字化文化新体验场景。创新数字电视、数字投影等"大屏"运用方式，提升高新视听文化数字内容的供给能力，增强用户视听体验，促进"客厅消费"、亲子消费等新型文化消费发展。为移动终端等"小屏"量身定制个性化多样性的文化数字内容，促进网络消费、定制消费等新型文化消费发展。推动"大屏""小屏"跨屏互动，融合发展。

重点项目：数字化文化体验线下场景项目。充分利用新时代文明实践中心、学校、公共图书馆、文化馆、博物馆、美术馆、影剧院、新华书店、农家书屋等文化教育设施，旅游服务场所、社区、购物中心、城市广场、商业街区、机场车站等公共场所，搭建数字化文化体验线下场景。支持博物馆、科技馆、旅游景区和教育培训基地等建设超高清、沉浸式视频体验馆。（责任单位：省委宣传部、省委文明办，省商务厅、省文旅厅、省广电局、省文物局，海峡出版发行集团，各设区市、平潭综合实验区文改办）

（六）公共文化服务数字化工程。充分利用数字科技新型技术，创新推进实施公共文化服务数字化工程，加快提升我省公共文化服务数字化水平，提高我省公共文化服务质量水平，满足人民群众日益增长的精神文化需求，促进公共文化事业高质量发展。

重点项目一：公共数字文化资源建设项目。推动公共图书馆、文化馆、博物馆、美术馆、非遗馆、艺术馆等加强公共数字文化资源建设，统筹推进国家文化大数据体系福建数据库、智慧图书馆体系和公共文化云建设，增强我省公共文化数字内容供给体系。（责任单位：省文旅厅）

重点项目二：基层公共数字文化服务网络建设项目。通过数字化手段，推动基层依托文化数据服务平台，优化基层公共数字文化服务网络，扩大服务覆盖面，推动服务普惠应用，提升公共文化服务的到达率、及时率，增强人民群众获得感。（责任单位：省文旅厅）

重点项目三：城乡公共文化服务一体化建设项目。创新公共阅读和艺术空间，推进全省应急广播体系建设，实施智慧广电乡村工程，加快有线电视网络光纤化、IP 化、双向化改造，建设广电 5G 网络。升级完善电影数字节目管理平台，探索公益电影多样化供给方式，加快农家书屋数字化建设，加强面向困难群体的公共数字文

化服务。（责任单位：省委宣传部，省文旅厅、省广电局，各设区市、平潭综合实验区文改办）

（七）文化产业数字化拓展布局工程。顺应数字产业化和产业数字化发展趋势，实施文化产业数字化战略，培育壮大数字文化市场主体，加快发展新型文化企业、文化业态、文化消费模式，改造提升传统文化业态，促进数字文化产业与相关产业融合发展。

重点项目一：文化体验新业态培育项目。创新文化表达方式，推动图书、报刊、电影、广播电视、演艺等传统业态升级，推进"百城千屏"超高清视频推广活动，培育高新视频、电子竞技等以文化体验为主要特征的新型文化业态，做大做强做优数字文化内容产业。培育以"5G新阅读""区块链＋版权"为特征的数字消费产品和服务，营造线上线下一体化的沉浸式数字文化体验空间，激发数字文化消费活力。积极推进"闽人智慧""你不知道的福建"宣传行动计划，运用数字化手段创新表现形态、丰富数字内容，推动福建文化瑰宝活起来。（责任单位：省委宣传部，省文旅厅、省广电局，省属国有文化企事业单位，各设区市、平潭综合实验区文改办）

重点项目二：新型数字文化市场主体培育壮大项目。在文化数据采集、加工、交易、分发、呈现等领域，鼓励国有文化企业探索数字文化新业态、新模式，支持骨干数字文化企业发展壮大，完善成长型中小文化企业跟踪服务机制，加大特色中小数字文化企业扶持引导培育。（责任单位：省委宣传部、省委网信办、省发改委、

省工信厅、省文旅厅、省广电局，各设区市、平潭综合实验区文
改办）

重点项目三：乡村文化数字化新业态培育项目。支持各类数字
文化企业发挥自身平台、技术和内容优势，创作传播反映乡村特色
文化资源的数字文化产品，规划开发线下沉浸式乡村文化体验项
目。充分挖掘活化乡村优秀传统文化资源，打造特色文化 IP，带
动地域宣传推广、文创产品开发、农产品品牌形象塑造。大力发展
乡村文化新产业，推广社交电商、直播卖货等销售模式，促进特色
农产品销售，助力乡村全面振兴。（责任单位：省委宣传部，省商
务厅、省文旅厅、省广电局，各设区市、平潭综合实验区文改办）

重点项目四：数字文化产业与相关产业融合项目。以企业为主
体、市场为导向，推动数字文化产业与新型农业、制造业、现代
服务业以及战略性新兴产业融合发展，培育形成文化产业新动能，
加快文化产业结构调整优化。（责任单位：省委宣传部、省发改委、
省工信厅、省文旅厅、省广电局，各设区市、平潭综合实验区文
改办）

三、保障措施

（一）建立完善文化数字化治理体系。构建我省文化数字化建
设政策法规体系，完善文化市场综合执法体制，强化文化数据要素
市场交易监管。深化文化行业协会、商会和中介机构改革。做好文
化数字化信用评价，健全文化数字化统计监测体系。（责任单位：
省委宣传部、省文旅厅、省市场监管局、省统计局，各设区市、平

潭综合实验区文改办）

（二）加强文化数据安全保障。依照国家有关数据安全的法律法规，督导文化数字化平台落实数据安全主体责任，在数据采集加工、交易分发、传输存储及数据治理等环节，执行国家文化数据安全标准和全流程文化数据安全管理制度。明确重要文化数据目录，建立健全重要文化数据安全协调机制和重要文化数据出境审查机制，切实加强文化数据安全保护。支持福州创建国家网络安全人才与创新基地，夯实数字文化安全基础。（责任单位：省委宣传部，省委网信办，省发改委、省文旅厅、省广电局、省文物局，省属国有文化企事业单位）

（三）加强文化数字化全产业链条监管。强化福建文化数据库数据入库标准，构建完善的文化数据安全监管体系，发挥好国家文化专网福建节点网管物理隔离作用，对数据共享、共联、重构等主体实行准入管理。完善文化资源数据和文化数字内容的产权保护措施。加强文化消费新场景一体化监管，确保进入传播或消费渠道的内容可控可管。（责任单位：省委宣传部、省委网信办、省发改委，各设区市、平潭综合实验区文改办）

（四）运用推广文化数字化标准体系。运用推广国家文化数字化建设标准，加大对相关机构和人员培训力度。鼓励支持我省高校、企业、部门积极参与国家、国际标准研制，推动我省优势技术与标准成为国家、国际标准。（责任单位：省委网信办，省科技厅、省市场监管局、省发改委，各设区市、平潭综合实验区文改办）

（五）健全文化资源数据分享动力机制。建立文化资源数据授权体系，引导法人机构和公民个人有偿授权。将我省文化资源数据分享纳入国有文化企事业单位绩效考核范围，鼓励我省公益性文化机构创新工作思路，积极探索将文化资源数据分享和开发取得的收入用于事业发展的办法，合理确定绩效工资水平。（责任单位：省委宣传部，省财政厅、省人社厅、省文旅厅，各设区市、平潭综合实验区文改办）

（六）优化调整政府投入。研究制定扶持文化数字化建设的产业政策，落实完善财政支持政策，统筹现有资金渠道，调整支出结构，优化投入机制，重点支持我省文化数字化重点工程和项目。充分调动市场力量，发挥各级文化产业发展专项资金和文化产业投资基金作用，引导社会资金积极、有序参与我省文化数字化建设。（责任单位：省委宣传部，省发改委、省财政厅、省文旅厅、省数字办，各设区市、平潭综合实验区文改办）

（七）提升科技支撑水平。支持文化创新主体建设新型研发机构和众创空间等科技创新平台。支持文化企业联合高校、院所承担实施国家和省级文化科技项目。支持文化科技企业集聚区申报国家文化和科技融合示范基地，推进福州、厦门国家文化和科技融合示范基地自主创新要素集聚，促进文化科技关键核心技术自主研发攻关和运用。（责任单位：省科技厅、省委宣传部，各设区市、平潭综合实验区文改办）

（八）加大金融支持力度。鼓励金融机构开发适应文化数字化建设特点和需求的信贷产品，引导文化企业合理应用各类债务融资工具优化融资结构。支持我省数字文化企业上市融资，推动符合科创属性的数字文化企业在科创板上市。探索建立文化资源数据价值评估体系，健全与资金需求和期限相匹配的融资渠道。（责任单位：省发改委，人行福州中心支行、福建证监局，各设区市、平潭综合实验区文改办）

（九）激活智力智库资源。加大文化数字化人才在我省文化名家暨"四个一批"人才培养选拔中的比重，加快引育一批文化数字化领军人才。支持高校推进文化数字化相关学科专业建设，建设一批高端智库，加强文化数字化理论和实践研究。（责任单位：省委组织部、省委宣传部，省人社厅，各设区市、平潭综合实验区文改办）

四、组织实施

（一）加强组织领导。成立由省委宣传部牵头，省委网信办、省发改委、省教育厅、省科技厅、省财政厅、省人社厅、省文旅厅、人行福州中心支行、省广电局、省数字办、省文物局等部门参加的福建文化数字化战略工作领导小组，在省文化改革发展工作领导小组的指导下开展工作。福建文化数字化战略工作领导小组具体工作由省委宣传部承担。省委网信办、省文旅厅、省广电局、省文物局等部门和各设区市、平潭综合实验区以及各文化机构建立健全相应的领导体制和工作机制。

（二）推动政策实施。各设区市、平潭综合实验区要把推进实施福建文化数字化战略列入重要议事日程，因地制宜地规划实施重点工程项目。相关部门要细化政策措施，确保各项任务落到实处。各地各有关部门要加强对有关具体工作事项和政策措施落实情况的跟踪分析和协调指导，注重效果评估。福建文化数字化战略工作领导小组适时对工作进展及任务落实情况进行督察。严格工作纪律要求，涉及意识形态和文化领域的重大问题事项要及时请示报告，积极稳妥推进文化数字化建设各项工作。

广西贯彻落实国家文化数字化战略实施方案

为贯彻落实党中央关于推动公共文化数字化建设、实施文化产业数字化战略的决策部署，积极应对互联网快速发展给文化建设带来的机遇和挑战，满足人民日益增长的精神文化需要，繁荣发展文化事业和文化产业，建设文化旅游强区，根据中共中央办公厅、国务院办公厅印发的《关于推进实施国家文化数字化战略的意见》，结合广西实际，制定本方案。

一、总体要求

（一）指导思想

以习近平新时代中国特色社会主义思想为指导，深入贯彻党的二十大精神，认真学习贯彻习近平总书记"五个更大"重要要求，深入贯彻落实习近平总书记视察广西"4·27"重要讲话和对广西工作系列重要指示精神，坚持马克思主义在意识形态领域的指导地位，坚定文化自信，以培育和践行社会主义核心价值观为引领，以国家文化大数据体系建设为抓手，推动中华民族最基本的文化基因与当代文化相适应、与现代社会相协调，发展中国特色社会主义文化，凝魂聚气、强基固本，建设中华民族共有精神家园，提升国家文化软实力，维护国家文化安全和意识形态安全，推进文化旅游强区建设。

（二）工作原则

——以人为本，全民共享。坚持以人民为中心，坚持把社会效益放在首位，文化数字化为了人民，文化数字化成果由人民共享。

——供给发力，激活资源。深化供给侧结构性改革，推动文化存量资源转化为生产要素，加快发展新型文化企业、文化业态、文化消费模式。

——科技支撑，创新驱动。促进文化和科技深度融合，集成运用先进适用技术，增强文化的传播力、吸引力、感染力。

——统筹规划，分步实施。加强系统谋划和统筹指导，细化落实措施，分解年度重点任务，以重点工程为牵引，稳步推进。

——省级统筹，分级实施。自治区层面根据中央部署要求统一规划、组织领导，自治区、市、县分级实施。尊重基层首创精神，调动各方面积极性。

（三）主要目标

到"十四五"时期末，依托有线电视网络设施、广电第五代移动通信（5G）网络和互联互通平台，建设以文化数字化基础设施和文化数据服务平台为核心的国家文化大数据东盟区域中心取得阶段性进展；贯通全区 80% 以上各类文化机构的数据中心，基本完成文化产业数字化布局，公共文化数字化建设跃上新台阶，形成线上线下融合互动、立体覆盖的文化服务供给体系。

到 2035 年，建成国家文化大数据东盟区域中心，推动建成物理分布、逻辑关联、快速链接、高效搜索、全面共享、重点集成的国家文化大数据体系，广西公共文化数字化水平排在西部地区前列，文化数字化产业成为文化产业发展的新动能，文化资源实现全景呈现，文化数字化成果全民共享。

二、重点任务

（一）关联形成中华文化数据库（广西）

全面梳理历次全国文化资源普查数据和新闻媒体单位自建的媒资库以及出版机构自建的数据库等文化领域已建或在建数字化工程和数据库所形成的成果，按照统一标准关联零散的文化资源数据，关联思想理论、文化旅游、文物、新闻出版、电影、广播电视、网络文化文艺等不同领域的文化资源数据，关联文字、音频、视频等不同形态的文化资源数据，关联文化数据源和文化实体，依托国家文化专网（广西）及广西文化基础资源云平台，建设中华文化数据库（广西）。积极申报国家红色基因库建设试点，对广西全国爱国主义教育示范基地文物数据进行高精度数字化采集、专业化标注关联，结构化存储于国家文化大数据东盟区域中心文化基因库系统，通过国家文化专网（广西）实现全国联网。贯通已建或在建文化专题数据库，聚焦社会主义先进文化、革命文化、中华优秀传统文化，提取具有历史传承价值的中华文化元素、符号和标识，丰富中华民族文化基因的当代表达，增强对伟大祖国、中华民族、中华文化、中国共产党、中国特色社会主义的认同。基于中华文化数据库，支持文化数据采集、存储、分析、挖掘等关键核心技术攻关，集成运用各种新技术，将已标注和关联的文化数据进行解构，萃取中华文化元素和标识，分门别类标签化，结构化存储于国家文化大数据东盟区域中心文化素材库系统，实现广西文化素材资源在全国范围内开放共享和交易，为内容创作生产、创意设计以及城乡规划建设、生态文明建设、数字广西建设提供素材。实施广西非物质文化遗产代表性项目和民族特色文化资源数字化保护和传承专项工程，积极开展非物质文化遗产抢救性数据采集、录入、存储、利用等专项工作。

（二）推动文化数字化基础设施建设

建设国家文化专网（广西）。依托现有有线电视网络设施、广电 5G 网络和互联互通平台，按照国家文化专网组网技术要求完成升级改造，部署提供标识编码注册登记和解析服务的技术系统，完善结算支付功能，形成国家文化专网（广西），服务文化资源数据的存储、传输、交易和文化数字内容分发。

建设广西文化基础资源云平台。在"一朵云"自治区级技术平台上建设广西文化基础资源云平台，搭建具有模式识别、机器学习、情感计算等功能的区域性集群式智能计算中心，建设集约化安全中心，加强文化数据安全防护，构建一体化安全保障体系，为广西文化数字化建设提供低成本、广覆盖、可靠安全的算力服务。

（三）加快文化数据服务平台建设

建设文化数据服务平台，鼓励多元主体依托国家文化专网（广西），参与文化数据服务平台搭建工作，基于统一数据标准，汇聚各类文化机构文化数据信息，集成同文化生产适配的各类应用工具和软件，形成"工具超市"，提供文化资源数据和文化数字内容的标识解析、搜索查询、匹配交易、结算支付等服务。文化数据服务平台与国家文化大数据体系全国中心及国家文化大数据交易中心实施统一互联互通，实现跨层级、跨地域、跨系统、跨业态的数据流通和协同治理，并与互联网消费平台衔接，为文化数字内容提供多网多终端分发服务，对平台消费数据进行分析加工，提供精准数据分析服务。支持法人机构和公民个人在文化数据服务平台开设"数据超市"，依法合规开展数据交易。文化产权交易机构要充分发挥在场、在线交易平台优势，推动标识解析与区块链、大数据等技术融合创新，为文化资源数据和文化数字内容的确权、评估、匹配、交易、分发等提供专业服务。公共文化资源数据要依法向公众开放，公共文化资源数据开发后的交易要把社会效益放在首位。

（四）促进文化机构数字化转型升级

推动文化机构接入国家文化专网（广西）。依托信息与文献相关国际标准，根据文化数据资源丰富程度、数字化基础条件，分阶段在文化机构数据中心部署底层关联服务引擎和应用软件，按照物理分布、逻辑关联原则，汇集文物、古籍、美术、地方戏曲剧种、民族民间文艺、农耕文明遗址等数据资源，逐步实现全区文化旅游、文物、新闻出版、电影、广播电视、网络文化文艺等领域的各类文化机构接入国家文化专网（广西），利用文化数据服务平台，探索数字化转型升级的有效途径，改造提升传统动能，培育发展新动能。

推动文化资源数据化工作常态化。推动文化机构将文化资源数据采集、加工、挖掘与数据服务纳入经常性工作，有关工作经费纳入专项预算安排，将凝结文化工作者智慧和知识的关联数据转化为可溯源、可量化、可交易的资产，分享文化素材，延展文化数据供应链，推动不同层级、不同平台、不同主体之间文化数据分享，促进关联数据评估和交易的专业化、公开化、市场化，以及文化数据解构、重构和呈现的社会化、专业化、产业化。全面实现文化机构文化资源数据处理软件正版化。

拓宽文化数字内容分发渠道。鼓励和支持文化机构加强供需调配和精准对接，培育新用户群体，扩大经营业务规模。加强对文化数字内容需求的实时感知、分析和预测，探索发展平台化、集成化、场景化增值服务。

（五）布局数字化文化消费新场景

大力发展数字化文化新体验。整合产业资源，集成全息呈现、数字孪生、多语言交互、高逼真、跨时空等新型体验技术，推动高新视频应用和云课堂、云直播、电商直播等应用快速发展，丰富各类基于5G的媒体应用场景，大力发展线上线下一体化、在线在场相结合的数字化文化新体验，建设广西文化数字化成果展示中心。

创新多终端多场景文化数字消费模式。创新数字电视、数字投影等"大屏"运用方式，提升高新视听文化数字内容的供给能力，增强用户视听体验，促进"客厅消费"、亲子消费等新型文化消费发展。为移动终端等"小屏"量身定制个性化多样性的文化数字内容，促进网络消费、定制消费等新型文化消费发展。推动"大屏"、

"小屏"跨屏互动、融合发展。

拓展数字化文化体验场景。利用现有公共文化设施，推进数字化文化体验，巩固和扩大中华文化数字化创新成果的展示空间。充分利用新时代文明实践中心、学校、公共图书馆、文化馆、博物馆、美术馆、影剧院、新华书店、农家书屋等文化教育设施，以及旅游服务场所、社区、购物中心、城市广场、商业街区、机场车站、村级公共文化服务中心等公共场所，搭建数字化文化体验的线下场景。到 2025 年，实现农家书屋信息化支撑全覆盖，不断提升全区新时代文明实践中心信息化水平，建设一批智慧广电乡村工程试点村，在新华书店建设一批沉浸式阅读线下体验馆和智慧书店。

（六）提升公共文化服务数字化水平

提升公共文化数字内容供给能力。完成国家文化大数据体系建设工作任务，推动公共图书馆、文化馆、博物馆、美术馆、非遗馆等加强公共数字文化资源建设。统筹推进国家文化大数据东盟区域中心、智慧图书馆体系和公共文化云建设，对接广西数字网络图书馆、各地融媒体中心媒体矩阵等传播渠道，提高公共文化数字内容的供给能力。

加大文化数字化普遍服务力度。依托文化数据服务平台，优化基层公共数字文化服务网络，扩大服务覆盖面，推动服务普惠应用，提升公共文化服务的到达率、及时性，增强人民群众获得感。加快博物馆、图书馆、文化馆、应急广播平台（站）、乡镇文化站和基层综合性文化服务中心等公共文化设施数字化转型升级，健全线上线下有机结合的公共文化服务机制。创新公共阅读和艺术空间，实施智慧广电固边工程，推进广播电视直播卫星公共服务升级，加强面向困难群体的公共数字文化服务。

（七）加快文化产业数字化布局

推进文化新业态发展。创新文化表达方式，推动图书、报刊、电影、广播电视、演艺等传统业态升级，调整优化文化业态和产品结构。深入实施文化产业数字化战略，加快发展网络视听、线上演播、艺术展示、沉浸式体验等新业态。培育发展数字出版、数字影视、数字演播、数字艺术、数字印刷、数字创意、数字娱乐等新兴文化业态。打造数字文化产业集群，到2025年，培育自治区级数字文化创意产业园区1个以上。

培育新型文化企业。推动文化与科技融合，加大对文化数字科技企业的扶持力度，到2025年，培育在文化数据采集、加工、交易、分发、呈现等领域具有引领作用的新型文化企业10家以上。推动文化产业与旅游业、新型农业、制造业、现代服务业以及战略性新兴产业融合发展，培育新型文化业态，加快文化产业结构调整。发展乡村文化新产业，延续乡村文化根脉，助力乡村全面振兴。推进视听产业基地建设，积极开拓东盟文化市场。鼓励区内文化企业组团"走出去"，向东盟国家出口文化数字化产品和产业技术。

开展文化国际交流合作。参与"数字丝路"建设，加强与共建"一带一路"国家的文化数字化交流合作。拓展数字技术在国际文化交流中的应用场景，促进中国与东盟国家的文化、商贸及人文交流。重点提升广西沉浸式体验、内容译制传播、国际文化 IP 打造三项能力，创新产业支持政策和手段，推动文创 IP 孵化，以面向东盟的动漫游戏、影视产业为突破口，积极打造中国—东盟移动游戏、动漫、影视出海基地。

（八）构建文化数字化治理体系

完善与文化数字化建设相适应的市场准入、市场秩序、技术创新、知识产权、安全保障等政策法规。提高文化数字化政务服务效能，全面推进政府运行方式、业务流程和服务模式数字化，实现文化数字化治理。完善文化市场综合执法体制，强化文化数据要素市场交易监管。加大文化数据领域版权保护执法力度，加强行政执法与刑事司法衔接，依法依规从严从快打击侵权违法行为。探索成立文化数字化相关行业协会、商会和中介机构，充分发挥行业协会等社会组织的行业协调、自律作用，做好文化数字化信用评价，营造良好市场发展环境。健全文化数字化统计监测体系。

三、保障措施

（一）加强文化数据安全保障和监管

依照国家有关数据安全的法律法规，积极参与文化数据安全标准制定。建立健全全流程文化数据安全管理制度，按照国家确定的重要文化数据目录，加强重要文化数据出境安全管理。按国家要求强化文化数据库数据入库标准，构建完善的文化数据安全监管体系，发挥好国家文化专网网关物理隔离作用，对数据共享、关联、重构等主体实行准入管理。完善文化资源数据和文化数字内容的产权保护措施。加强文化消费新场景一体化监管，确保进入传播或消费渠道的内容可管可控。

（二）健全文化资源数据分享动力机制

建立文化资源数据授权体系，引导法人机构和公民个人有偿授权。将文化资源数据分享纳入国有文化企事业单位绩效考核范围，鼓励公益性文化机构积极探索将文化资源数据分享和开发取得的收入用于事业发展的办法，合理确定绩效工资水平。

（三）优化财政和金融支持方式

研究制定扶持文化数字化建设的产业政策，落实和完善财政支持政策。全区各级各部门要积极统筹现有资金渠道对文化数字化建设予以支持，相关业务主管部门要积极争取中央转移支付资金和地方政府专项债券支持。支持广西文化旅游产业发展基金按市场化方式参与设立文化数字化方面的子基金，吸引社会资本共同投资文化大数据体系相关产业。加大金融支持力度，鼓励金融机构开发适应文化数字化建设特点和需求的信贷产品，引导文化企业合理运用各类债务融资工具优化融资结构。支持符合科创属性的数字化文化企业在科创板上市融资。

（四）强化科技创新支撑

将文化数字化共性关键技术纳入自治区重点研发计划和各级各类科技计划的重点支持范围。积极申报国家文化和科技融合示范基地，积极布局文化数字化科技创新平台。推动文化数字化装备的规模化生产和应用。

（五）激活智力智库资源

增加文化数字化人才在广西文化名家暨"四个一批"人才、广西宣传思想文化青年英才、广西广播电视百名人才培养选拔中的比重，加快培育一批领军人才。推进文化数字化相关学科专业建设，建设一批高端智库，加强文化数字化理论和实践研究。用好产教融合平台。加强公共文化服务机构人才队伍建设，重点引进和培养一批文化数据相关专业人才。

四、组织实施

（一）加强组织领导

成立由自治区党委宣传部牵头，自治区党委网信办，自治区发展改革委、教育厅、科技厅、财政厅、人力资源社会保障厅、文化和旅游厅、广电局、大数据发展局，人民银行南宁中心支行，广西出版传媒集团、广西文化产业集团，广西广电网络公司等参加的自治区推进实施国家文化数字化战略工作领导小组，领导小组具体工作由自治区党委宣传部承担。自治区党委网信办，自治区文化和旅游厅、广电局等部门和各设区市以及各文化机构建立健全相应的领导体制和工作机制。

（二）推动政策实施

全区各地要将文化数字化建设工作纳入本级国民经济和社会发展规划以及文化相关规划，把推进实施国家文化数字化战略列入重要议事日程，根据本方案因地制宜制定具体举措，相关部门要细化政策措施，确保各项任务落到实处。各地各有关部门要加强对本方案实施情况的跟踪分析和协调指导，注重效果评估。各级推进实施国家文化数字化战略工作领导小组适时对工作进展及任务落实情况进行督促检查。严格工作纪律要求，重大问题要及时请示报告，积极稳妥推进文化数字化建设各项工作。

附 录 二

国家文化大数据术语体系

文化资源数据（cultural resources data）

是指对人类文化中传承下来并可以传播利用的文化（包括物质的和非物质的）进行数字化采集后，所得到的用于识别和展现文化的图像、文字、声音、动画、影片、三维全景、三维模型等数据。国家文化大数据体系下文化资源数据主要包括中国文化遗产标本库、中华民族文化基因库、中华文化素材库中的数据。

数字化采集（digital collection）

数字采集就是利用数字化手段对文化遗产所蕴含的信息进行记录、建档。主要通过摄影、扫描、捕捉、录音等数字化采集方式，借助先进设备获取、记录文化遗产实体信息，利用计算机软件进行处理加工，最终实现数字化存储，为文化资源数据提供数据支持。通过数字化的方式进行传播，有助于把文化遗产数据转变成文化数字内容与文化产品服务。主要采集但不限于色彩信息、构造与结构、几何信息、位置信息、材质信息和病害残损信息等。

中国文化遗产标本库（specimen repository of Chinese cultural heritage）

中国文化遗产标本库是基于历次全国性文化资源普查的数据（包括古籍、文物、美术馆藏品、地方戏曲、非物质文化遗产等普查已经获得的数据），按照国家文化大数据标准，结构化存储于服务器，并通过国家文化专网实现共享的数据。

中华民族文化基因库（gene repository of Chinese culture）

中华民族文化基因库的数据主要来自革命文物大数据库和博物馆大数据体系，通常经过高精度数据采集，导入国家文化大数据体系底层关联集成系统，完成数据标注、关联，并提取中华民族文化元素、符号和标识，最终形成中华民族文化基因库。相关数据通过国家文化专网实现共享。

中华文化素材库（material repository of Chinese culture）

以文化资源数字化成果为原料，集成运用各种新技术，萃取中华文化之要素，并分门别类标签化，进而形成的可组合使用的素材库。按照文化呈现要素中华文化素材库可划分为中华字库、中华音库、中华像库、中华乐库、中华舞库、中华剧库等。中华文化素材库的来源是多元的，中国文化遗产标本库和中华民族文化基因库的数据是重要来源，文化企事业单位已建成的文化艺术、新闻出版、广播电视、网络视听、电影等数据库，也是重要来源。相关数据通过国家文化专网实现共享。

国家文化专网（cultural private network）

作为数据承载网络，为文化大数据产业各环节中相关设备和系统互联互通提供数据传输通道的专用通信网络，在国家文化大数据体系中特指由有线电视网络提供的传输通道组成的网络。为确保文化大数据安全，文化生产采取闭环管理，文化消费开环，文化数字内容可通过文化体验网关导入互联网，但是文化体验网关需保障互联网内容不进入消费端（包括线上终端）。

文化数字内容（cultural digital content）

是指以数字形式存在的文化产品，一般以文字、图片、音频、视频、多媒体和其他形式表现。通常包括传统文化产品的数字化以及以数字形式存在的文化产品。国家文化大数据体系下文化数字内容主要涵盖中华优秀传统文化、革命文化和社会主义先进文化等。文化数字内容作为数字化文化生产线的产出，由文化数据服务平台管理与分发，并通过文化体验设施和设备消费。通常情况下，文化数字内容又称为文化数字产品、文化数字内容产品等。

文化生产线（cultural production line）

由出版社、影视公司、演出公司、设计公司等文化生产机构为主体，以创作生产某种业态文化数字内容为目标，从事文化数据的采集、标注、解构、关联、重构等活动的文化机构（包含该机构建设的文化生产线系统）。数字化文化生产线是国家文化大数据体系的基本组织，人民信赖是每条生产线生存发展的根基。

文化元素（cultural element）

是组成文化的基本功能单元，具有独特的文化内涵，例如，一只茶杯、一张弓、一个动作和一个符号等都是文化元素。由于基本功能单元的确定是相对的，故文化元素亦有可组合性、多样性、不确定性等特征。在国家文化大数据体系下，文化元素特指文化资源数据和文化数字内容等基本数字化功能单元，体现了数字文化作品中组成内容的独特性，一般以采用技法将文字、线条、色彩、形体（形态）、声音、构法等文化要素进行组合的方式存在，且意蕴深远，具有极强的符号性特征，它们不仅是传统文化的象征，也是文化精神的凝聚。文化元素不仅能体现文化本体价值，更能展现文化元素发展演化规律。通过对文化数据解构，可提取这些凝结在文化中共性的、具有很强识别性的、能引起目标群体感知和想象的视觉符号。各种文化元素之间经过关联、标注、重构等加工，可进一步提升文化元素价值。

纹样（pattern）

是文化元素的子类，指主要被用作服饰、建筑、器皿等物体装饰的，具有语义、寓意、历史发展轨迹、地域特点、民族特色的花纹、形状等。

二维图像矢量化（image vectorization）

将文化资源数据中以二维图像呈现的具有一定内涵或特殊含

义的文化元素转换为矢量格式的图形进行表达和存储，矢量化依赖
不同的约束条件，不同约束条件下得到的矢量图质量不同。在国家
文化大数据标准体系中，重点对中华文化素材库和中华民族文化基
因库中的文化数据进行矢量化，并与采集、标注、关联、重构等关
键技术共同服务于生产端。

重构（cultural data reconstruction）

将不同文化元素、文化要素重新组合、变换生成新的文化资
源数据或文化数字内容的过程，主要包括纹样、色彩、构型、风
格、语义等文化元素或文化要素重构。在国家文化大数据标准体系
中，重构将实现文化创作生产，汇聚云端，呈现给消费端，并与采
集、标注、关联、重构等关键技术共同服务于生产端。

文化大数据标识（culture big data identifier）

用于标识国家文化大数据体系中文化资源数据、文化数字内
容，及其关联关系的唯一标识符。本标识符对应于 ISLI 标识体系
中的实体名称。

国家文化大数据标识注册中心（cultural big data identification registration center）

由 ISLI 国际标准化注册中心 ISLI RA 授权，为国家文化大数
据体系提供文化资源数据和文化数字内容标识注册与管理服务的

机构。

文化大数据标识服务中心（cultural big data identifier service center）

文化大数据标识服务中心是支撑文化大数据体系中实体的标识与解析的信息化枢纽，为各级文化数据服务中心及各类文化机构提供标识服务。文化大数据标识服务中心由国家文化大数据标识注册服务机构管理和运维，由 ISLI 国际注册机构授权的技术支持商研发建设和提供技术维护。

文化数据标识服务系统（cultural big data identification service system）

文化数据标识服务系统是构成文化数据标识服务平台的部署节点系统，为节点覆盖区域提供文化数据标识注册、解析文化数据标识编码和提供解析路由等服务。

文化数据底层关联集成系统（underlying association integration system of cultural data）

文化数据底层关联集成系统是以文化大数据标识为基础，依托文化大数据标识服务系统，提供给用户使用的由底层关联服务引擎和应用业务软件所构成的集成技术系统。

体验场景（Experience scene）

指采用视频成像系统、音频还音系统、动感控制系统及其他感知和控制系统，结合环境景观布置、灯光氛围营造等手段构建出的演艺或展示场地。置身其中，可以给人传递视觉、听觉、触觉、嗅觉和味觉的一种或多种感观体验，实现文化体验数字内容的呈现与传播。

文化体验园（cultural experience park）

指在旅游景区、城市广场、城市公园等区域内建设的文化体验设施，可把地域文化、传统文化、红色文化"活化"到体验园，促进文化和旅游深度融合。文化体验园一般应配备公共服务空间、游客服务中心、室内文化体验场景、室外体验空间及需要的餐饮、购物、住宿等配套设施。

文化体验馆（cultural experience hall）

指在学校、商业综合体、博物馆、市级以上文化馆等区域建设的文化体验设施，一般由单一建筑体或多个建筑体组成。按照选址不同，文化体验馆主要分为沉浸式教室、沉浸式商业空间、沉浸式数字展馆、可移动沉浸式体验馆等。

沉浸式教室（immersive classroom）

沉浸式教室是将高分辨率影像投射技术、计算机图形技术、画面曲面矫正融合技术、临境声场技术以及摄像机轨迹反求技术等现代影像、声学传播技术有机结合在一起，通过人机识别交互方式，将平面化、文字化的学习内容动态立体图像化，为受教育者提供传统教材无法实现的音视频覆盖沉浸式学习氛围，提升受教育者获取知识主动性，提升记忆知识形象化的教学场所。

移动沉浸式体验馆（Mobile immersive experience hall）

指采用可迅速拆装搭建的膜棚结构，设有演出舞台、观众席及沉浸式音效体验设备的建筑。

文化体验厅（cultural experience room）

指在县区文化馆、新时代文明实践中心和新华书店等单一建筑体内建设的文化体验设施。

文化体验设施（cultural experience facilities）

指围绕一个或多个文化主题元素进行组合创意和规划建设，构建各类体验场景，营造相应的文化氛围，采用现代科技手段和各种活动编排来呈现文化内容，满足民众学习、鉴赏、培训、体验等精神文化需求的文化传承、文化创新和文化传播的体验场地。

文化体验装备（cultural experience equipment）

文化体验装备是指用于文化体验设施中呈现文化内容的技术

装备的统称，包括各类专用文化体验系统及终端（称为线下终端），也包括家庭中的电视机，以及手机等移动终端（称为线上终端）。

文化体验网关（cultural experience gateway）

部署于文化体验设施内，为文化体验设施内各类文化装备和文化体验服务运营支撑系统提供存储能力、计算能力和国家文化专网接入能力的信息基础设施系统，可根据处理能力以单独的设备、设备集群或边缘云的形式存在。文化数字内容可通过文化体验网关导入互联网，但是文化体验网关需保障互联网内容不进入消费端（包括线上终端）。

文化体验驻地网（local network for cultural experience）

部署于文化体验设施内，为体验网关、体验装备、用户终端等设备提供本地网络连接，并接入国家文化专网的网络设施，一般包括用户终端至用户网络接口所包含的机线设备（通常在一个建筑物或者一个园区内），由完成通信和控制功能的用户驻地布线系统组成，以使用户终端可以灵活方便地接入国家文化专网。文化体验驻地网一般简称为"驻地网""体验设施驻地网""文化驻地网"等。

文化数字内容管理系统（cultural digital content management system）

文化数字内容管理系统运用于文化体验设施中，是实现数字

内容获取和存储、内容信息管理、适配关系管理、内容分发和系统
管理等功能的信息化管理系统。它主要负责从文化数据服务平台中
获取文化数字内容，并分发到文化体验装备中，满足文化体验设施
所需的文化数字内容管理服务。

文化数据服务中心（cultural data service center）

文化数据服务中心是国家文化大数据体系的枢纽，为国家文
化大数据体系的健康有序发展提供各类服务支撑，主要业务内容包
括规划服务、保障服务、运营服务、公共服务、产业服务等。文化
数据服务中心按照国家文化大数据全国中心、区域文化数据服务中
心和省域文化数据服务中心三级部署。文化数据服务中心通常简称
为数据中心或服务中心。

国家文化大数据全国中心是国家文化大数据体系运转的顶层
枢纽，主要职责是规划和建设国家文化大数据全国一体化数据中
心，对接中国文化遗产标本库、中华民族文化基因库和中华文化素
材库等国家文化大数据体系各基础数据库，运用大数据、云计算、
区块链等技术，执行国家文化大数据标准体系，采用信息与文献关
联标识国际标准，建设国家文化大数据确权、交易、结算和支付平
台，集成畅通文化生产和文化消费的云平台服务工具等。

区域文化数据服务中心是依托全国有线电视网络和平台建设
的数据中心，上联国家文化大数据全国中心，下接省域中心，负责
区域内省域之间的数据、信息、产品等交易和结算。

省域文化数据服务中心建设在各省（区市），省域中心通过区域中心连通国家文化大数据全国中心，负责本地化国家文化大数据的存储、传输和安全保障，链接省域内资源端（本地化数据库）、生产端（数字化文化生产线）和消费端（文化体验体系），为省域内数据、信息、产品等确权、交易、结算和支付提供专业化服务。

文化数据服务平台（cultural data service platform）

文化数据服务平台是指支撑文化数据确权、交易与分发管理、用户认证与管理、运营服务与监督等能力的信息化系统，一般部署于国家文化大数据全国中心、区域中心和省域中心等机构，分别形成全国文化数据服务平台、区域文化数据服务平台和省域文化数据服务平台。文化数据服务平台为数字化文化生产线、文化体验设备和设施及监管部门提供服务。

（根据中国公共关系协会文化大数据产业委员会发布的国家文化大数据体系系列团体标准辑录）

附录三

国家文化大数据标准体系

目　标

通过建立国家文化大数据标准体系，实现整合现有的技术和产业资源，统一规划文化大数据标准的发展路线，发挥中国公共关系协会文化大数据产业委员会内部各自企业的优势，协同构建文化大数据的标准体系框架，着眼于未来的标准应用，着眼于布局未来的文化大数据的标准，并充分发挥委员会的价值，高效开展文化大数据标准化工作。

国家文化大数据标准体系建设贯彻落实国务院《促进大数据发展行动纲要》和《深化标准化工作改革方案》精神，高质量推动"文化大数据"建设，促进文化繁荣，实现如下总体目标：

1. 为文化大数据提供分类、标识与估值的方法支撑，促进文化大数据库建设。

2. 为文化大数据提供生产、传播、服务、消费等技术支撑，促进文化网络平台建设。

3. 为文化大数据的监管提供法规支撑，促进文化产业生态建设。

4. 支撑文化领域国际标准化工作，提升国际文化传播话语权。

配套措施

中国公共关系协会文化大数据产业委员会专门成立了标准化

中心，并下设文化资源数据技术工作委员会、文化数字内容技术工作委员会、文化体验技术工作委员会等 3 个工作组，在组织上为标准体系的形成、完善，以及后续按照体系开展标准化工作提供了组织保障。

标准化中心将逐步深化标准化组织建设、标准化队伍建设、关键核心标准制定、标准化示范验证、国际化标准推进等 5 个方面，具体如下：

1.组织建设方面应充分利用现有的国内、国际标准化组织资源，构建以中国公共关系协会文化大数据产业委员会为主、跨域协同的文化大数据标准化组织，可以是虚拟的，也可以是实体化的，并制定规范的标准化工作机制。

2.队伍建设方面要充分调动委员会成员积极性，通过开展文化大数据标准化技能培训，构建一支兼具技术和管理能力的专业标准化的人才队伍。逐步实现标准化人员培训、考核、发证、持证上岗管理。

3.在关键核心标准制定方面，应分类开展文化大数据的国家、行业、团体等不同层次的标准制定工作，并通过标准宣传扩大行业影响力。

4.在示范验证方面，要凝练典型的行业需求，形成技术研究和工程建设项目建议，在积极争取财政资金支持的基础上，开展核心关键标准的示范验证，为规模化推广创造条件。

5.在国际化标准推进方面，要提出我国文化大数据的国际化标准应对策略，选择已达成国际共识，能促进我国文化国际传播的方向，积极开展国际标准制定工作。

总体结构

除需要引用的技术基础标准外，国家文化大数据标准体系包括 6 个体系：

1. 文化大数据基础应用标准体系：包括文化大数据通用标准，主要涵盖文化资源数据和文化数字内容的分类、标识、标注、编码方法等。包括 4 个子标准体系，分别是：

标准体系：规定国家文化大数据标准体系，包括文化大数据产业生态、标准体系结构图、标准明细表、标准统计表和标准体系表编制说明等内容。

标识：规范文化大数据标识方法，包括并不限于标识编码，以及标识分配、解析等服务流程和支撑系统。

标注：规范文化资源数据和文化数字内容标注方法、流程以及相关的支撑系统等。

分类与代码：规范文化资源数据和文化数字内容分类，以及代码分配方法等。

2. 文化大数据监管标准体系：包括开展文化大数据服务所需的监管需求、流程以及相应的支撑系统等技术标准。包括 2 个子标准体系，分别是：

监管需求：规范文化大数据服务监管职责划分、监管流程等。

监管系统：规范文化大数据服务监管所需的支撑系统。

3. 文化大数据资源端标准体系：包括支撑文化资源数据获取及共享的相关流程及支撑系统技术标准。包括 2 个子标准体系，分别是：

资源数据采集：规范中国文化遗产标本库、中华民族文化基因库、中华文化素材库等文化资源数据的数据采集技术及支撑系统。

资源数据共享：规范中国文化遗产标本库、中华民族文化基因库、中华文化素材库等文化资源数据的数据模型、数据维护、数据共享等技术及支撑系统。

4. 文化大数据生产端标准体系：包括支撑文化生产的相关技术以及支撑系统标准。包括 2 个子标准体系，分别是：

文化生产线：规范文化生产线系统分类及能力要求。

文化生产技术：规范各类文化生产技术。

5. 文化大数据云端标准体系：包括有线电视网络为文化大数据各环节提供数据传输通道时，应该满足的组网和服务技术标准，开展文化大数据服务所需的机构设置、支撑系统等技术标准。包括 3 个子标准体系，分别是：

文化数据服务平台：规范文化数据服务平台能力及各组成系统技术要求。

文化数据服务中心：规范全国、省域、区域等文化数据服务中心的职能、建设、运营等要求。

国家文化专网：规范有线电视网络为文化大数据产业链各类机

构提供数据传输通道所需的组网技术要求，以及应满足的服务技术要求。

6. 文化大数据消费端标准体系：包括提供文化体验服务的体验设施建设、体验设施运营、体验装备、体验网关等技术标准。包括四个子标准体系，分别是：

文化体验设施建设：规范文化体验设施分类、建设改造，以及体验装备、驻地网、支撑系统部署等要求。

文化体验设施运营：规范各类文化体验设施运营流程、运营支撑系统以及服务能力评价要求。

文化体验装备：规范文化体验装备分类及技术要求。

文化体验网关：规范文化体验网关技术要求。

文化数据标识技术要求

1. 文化数据标识分类：一是文化数据实体标识，是对国家文化大数据体系中的文化数据、参与方、载体、时间、事件和位置等实体的标识。二是文化数据关联标识，是对国家文化大数据体系中文化数据实体关联关系的标识。

2. 标识编码原则：一是遵循 GB/T 32867—2016 国际标准关联标识符（ISLI）标准；二是标识编码具备唯一性；三是标识编码用于文化数据实体及实体关联关系的唯一标识；四是文化数据实体存在既有管理标识符的（如多类各级标准标识符以及馆藏编号等），应使用既有标识符，相应标识符纳入文化数据标识编码的元数据列表项。

3.标识编码申领：编码登记者应向文化数据标识服务系统登记文化数据标识元数据，申领文化数据标识编码；编码登记者应使用底层关联集成系统的应用层工具或文化数据标识服务系统的接口完成文化数据标识编码的申领 / 登记及嵌入工作。

4.标识编码管理：标识编码由国家文化大数据标识注册服务机构统一负责管理。在 ISO 国际标准关联标识符管理体系框架下，国家文化大数据标识注册服务机构是 ISLI 国际注册机构授权的 ISLI 区 / 行注册中心，在 ISLI 国际注册机构规定的范围内承担本区域 / 行业的 ISLI 标识编码注册管理业务。

文化资源数据分类与代码

1.基本原则：

a）合理性——文化资源分类和分类代码逻辑严谨、层级清晰、分类适度。

b）唯一性——文化资源分类和分类代码具有唯一性。

c）实用性——文化资源分类和分类代码能够覆盖国家文化大数据体系的所有文化数据资源。

d）扩展性——文化资源分类和分类代码需要具备良好的可拓展性。

2.文化资源数据分类方法：按照《2009 年联合国教科文组织文化统计框架》列出的文化统计领域框架中六大分类，包括文化和自然遗产、表演和庆祝活动、视觉艺术和手工艺、书籍和报刊、音像和交互媒体、设计和创意服务。

3. 文化资源分类编码方法：文化资源分类的代码采用七位代码四级分类表示。其中，第 1 位使用英文大写字母表示第一级分类，第 2 位至第 3 位用十进制表示指定二级分类代码，第 4 位至第 5 位用十进制表示指定三级分类代码，第 6 位至第 7 位用十进制表示四级分类代码。编码采用顺序码，如一级分类以后无二级分类，则第 2 位至第 7 位代码的编码用"000000"补齐，如果二级分类下无三级分类，则第 4 位至第 7 位代码的编码用"0000"补齐，如果三级分类下无四级分类，则第 6 位至第 7 位代码的编码用"00"补齐。

文化数字内容溯源系统

由两大子系统组成，分别为溯源特征标记子系统和溯源监测子系统。

1. 溯源特征标记子系统主要为数据层，通过与部署于国家文化专网中的文化数据分发系统对接实现文化数字内容的指纹采集和水印嵌入。数据层主要包括文化数字内容指纹采集、文化数字内容水印嵌入、文化数字内容指纹库和文化数字内容水印库。

2. 溯源监测子系统主要分为数据层、应用层和接入层。其中：

数据层，通过传播内容采集代理或传播内容采集探针，采集互联网传播平台中传播的文化数字内容的指纹和水印信息。数据层主要包括传播内容采集代理、传播内容采集探针、传播内容水印库、传播内容指纹库、水印库、指纹库和溯源库等功能模块。

应用层，实现文化数字内容溯源所需的各类管理和分析能力。应用层主要包括数字内容特征提取、数字内容信息管理和数字内容溯源分析等功能模块。

接入层，为文化数字内容溯源系统用户提供应用界面访问接入能力，并为其他关联系统提供溯源服务接口接入能力。

文化遗产数字化采集技术要求

1. 数字化采集服务模型：主要包括数字化采集的人员、工具、对象、流程、数据和评价，其中：数字化采集人员使用采集工具，通过采集流程，对采集对象进行数字化采集，形成数据；对整个数字化采集过程进行服务等级评价，形成数字化采集服务等级。人员指提供数字化采集服务的工作人员，工具指数字化采集服务中使用的装置，对象指需进行数字化采集的文化遗产，流程指数字化采集服务的阶段、过程，数据指符合采集质量评价要求的文化遗产数据，评价是对整个数字化采集过程的服务等级的评估。

2. 数字化采集服务分类：根据对文化遗产的不同数字化采集方式，分为平面扫描数字化采集服务、数字拍摄数字化采集服务、多光谱图像数字化采集服务、显微图像数字化采集服务、可移动文化遗产三维数字化采集服务、不可移动文化遗产三维数字化采集服务、存档音频数字化采集服务、现场声音数字化采集服务、存档视频数字化采集服务、现场视频数字化采集服务。

3. 数字化采集服务等级评价方法：用于对服务机构的评价，分别针对每一种分类的数字化采集服务进行评价，分为一级、二级和三级，一级为最高级。等级评价方法按总分值大小进行划分。

文化资源数据解构技术要求（二维图像）

1. 定义：将文化资源数据二维图像中具有一定内涵或特殊含义的不同文化元素提取出来，文化元素的提取依赖不同的约束条件，不同约束条件下提取得到的文化元素数量、内涵不同。在国家文化大数据标准体系中，重点解构中华像库（中华图库）、博物馆、美术馆、图书馆、文化馆等公共文化机构的二维图像类文化资源数据，并与采集、标注、关联、重构等关键技术共同服务于生产端。

2. 文化资源数据与文化元素之间的关系：文化资源数据由多个文化元素构成，单个文化元素也可以由多个不同文化内涵或更小文化元素构成。

3. 流程：解构流程包括图像预处理、解构提取、解构数据标注、解构评价方法 4 个环节。解构预处理环节针对输入图像使用数字化、几何变换、归一化、平滑、复原、增强等方法，消除图像中无关的信息，恢复有用的真实信息，增强有关信息的可检测性，最大限度地简化数据，以改进特征表现，增强解构提取的可靠性，用于之后的解构提取工作；解构提取对预处理后的数据，针对数据类型不同，按照对线稿、纹样、色彩解构提取所对应的要求，选择相应的线稿解构、纹样解构、色彩解构等方法进行解构，解构结果输出文化元素；解构数据标注对解构提取出的文化元素，按照文化资源数据标注要求，选择有监督标注、半监督标注或无监督标注等合适的方法，进行语义明确的标注；解构评价采用主观评价、客观评价方法对文化元素质量进行定性、定量分析，根据评价结果优化解构质量。

文化资源数据和文化数字内容重构技术要求（纹样重构）

1.定义：纹样重构是把纹样元素、纹样要素或纹样基因进行组合再创作的方法及过程，并充分考虑各种元素与要素之间联系，结合现代科技，创作和谐、富有文化认同与共鸣的数字内容，符合大众现代审美感，呈现体验达到最佳视觉效果的重构内容。

2.流程：纹样重构流程包括重构预处理、纹样重构、重构数据标注、纹样重构成果评价四个环节。重构预处理环节采用噪声去除、光照平衡、图像增强、平滑等方法对二维纹样图像进行预处理，改善并增强图像的视觉效果，使纹样图像达到数据输入的要求，为后续重构环节提供高质量纹样图像。纹样重构对预处理后的纹样图像，采用群集、组构、层叠和拼贴等不同重构方式对图像中不同文化元素、文化要素进行重构，通过重新构成的方法得到多样的纹样图像结果，输出重构后纹样图像。重构数据标注对重构后的纹样图像，按照文化资源数据标注要求，选择合适的标注方式，以明确纹样图像的属性、来源、重构方式，输出带有标注的重构纹样图像。纹样重构成果评价对已标注的重构纹样图像成果，采用主观评价、客观评价方法对其质量进行定性、定量分析，并输出满足评价要求的成果。

3. 纹样重构成果质量要求：纹样重构后所生成的二维图像应满足以下要求，即纹样合理；寓意相融；视觉一致；交互一致；内涵多层；形式美法则；信噪比 SNR>20；峰值信噪比 PSNR>30；均方误差 MSE<400。

文化资源数据矢量化技术要求（二维图像）

1. 定义：将文化资源数据中以二维图像呈现的具有一定内涵或特殊含义的文化元素转换为矢量格式的图形进行表达和存储，矢量化依赖不同的约束条件，不同约束条件下得到的矢量图质量不同。在国家文化大数据标准体系中，重点对中华文化素材库和中华民族文化基因库中的文化数据进行矢量化，并与采集、标注、关联、重构等关键技术共同服务于生产端。

2. 流程：二维图像矢量化流程包括预处理、矢量化处理、矢量化标注、矢量化评价四个环节。预处理环节对用户上传的图像做质量优化，为矢量化处理环节提供输入数据，并将优化后图像保存到数据库；矢量化处理环节根据上传图像所属类型选择不同算法做矢量化处理，并生成矢量图，为矢量化标注环节提供入库数据；矢量化标注环节对矢量图进行标注处理，打上标签标出类别；矢量化评价环节对矢量图质量进行评价，得到评价信息和排名情况，方便向用户展示。

文化数据服务中心技术要求

1. 文化数据服务中心架构：文化数据服务中心是国家文化大数据体系的枢纽，为国家文化大数据体系的健康有序发展提供各类服务支撑，主要业务内容包括规划服务、保障服务、运营服务、公共服务、产业服务等。文化数据服务中心按照国家文化大数据全国中心（简称"全国中心"）、区域文化数据服务中心（简称"区域中心"）和省域文化数据服务中心（简称"省域中心"）三级部署。文化数据服务中心通常简称为数据中心或服务中心。

2. 全国中心：全国中心是国家文化大数据体系运转的顶层枢纽，负责规划和建设国家文化大数据全国一体化数据中心，对接中国文化遗产标本库、中华民族文化基因库和中华文化素材库等国家文化大数据体系各基础数据库，运用大数据、云计算、区块链等技术，执行国家文化大数据标准体系，采用信息与文献关联标识国际标准，建设国家文化大数据确权、交易、结算和支付平台，集成畅通文化生产和文化消费的云平台服务工具等。

3. 区域中心：区域中心是依托全国有线电视网络和平台建设的数据中心，上联全国中心，下接省域中心，负责为区域内省域之间的数据、信息、产品等交易和结算提供专业化服务。

4. 省域中心：省域中心建设在各省（区市），通过区域中心连通全国中心，负责本地化文化数据的存储、传输和安全保障，链接省域内资源端（本地化数据库）、生产端（数字化文化生产线）和消费端（文化体验体系），为省域内数据、信息、产品等确权、交易、结算和支付提供专业化服务。

5.IT 基础设施组成：包括计算资源、存储资源和网络资源等资源。相关资源可以自建或租用方式部署，但应建立灾备系统和数据备份，并采取有效的安全隔离措施，防止基础设施平台内不同客户间的风险传导。

6.安全监测要求：一是对核心资产、各类威胁与违规行为，网络东西向、南北向流量进行持续检测分析，提升网络整体安全保护能力。二是定期检查并及时更新安全产品（软、硬件）病毒库，开启实时防护和定期扫描。三是定期对文化数据服务中心各系统及相关设备进行安全漏洞扫描并及时修补，应及时安装最新的补丁程序，升级防护软件，确保信息安全。

7.安全防护要求：一是对接入信息和数据应实行安全保密管理，提供数据加密保护能力，支持对数据传输和存储进行基于国密算法的加密保护，防止敏感数据泄露。二是提供数据库防护能力，支持发现（或阻断）针对数据库系统的攻击，保护数据库系统的安全。三是提供敏感数据脱敏能力，支持对敏感数据进行实时脱敏，实现敏感隐私数据的可靠保护。四是提供数据水印防护能力，支持在数据使用过程中进行水印标记，实现数据泄露溯源。五是监视并阻断端口扫描、强力攻击、木马后门攻击、拒绝服务攻击、缓冲区溢出攻击、IP 碎片攻击和网络蠕虫攻击等攻击行为，数据库服务器应具备必要的入侵检测手段。

8.安全响应要求：一是具备快速响应恢复能力，支持操作系统恢复、数据库系统恢复、网络配置恢复、文件恢复。二是定期进行数据中心各系统及数据备份，可定期做灾难恢复演练，适当提供冗余，确保数据中心系统的可靠性和数据可恢复性。三是具备网络攻击溯源能力，包括攻击主体、攻击路径、攻击方法、攻击对象等的溯源。四是实现安全态势的可视化呈现，从攻击事件、资产安全、追踪溯源、运行监测等多个维度进行可视化展示，提升组织安全管理效率。

文化数据服务平台技术要求

1. 文化数据服务平台架构：按照国家文化大数据体系分为全国文化数据服务平台、区域文化数据服务平台和省域文化数据服务平台，三类平台之间通过国家文化专网实现互联互通。

2. 文化数据服务平台系统功能：包括用户管理系统、数据管理系统、文化数据确权系统、文化数据交易系统、文化数据分发系统、服务运营系统、服务监管系统、运维管理系统和服务门户等系统功能。

3. 文化数据服务平台接口：通过统一认证服务接口发起用户认证信息给文化数据服务平台中的用户管理系统。

4. 文化数据服务平台架构：主要由用户管理系统、数据管理系统、文化数据确权系统、文化数据交易系统、文化数据分发系统、服务运营系统、服务监管系统、运维管理系统和服务门户等组成，各系统之间互联实现数据和业务互通。

5. 平台安全：遵循 GB/T 22239—2019 信息安全技术网络安全等级保护基本要求，并按照国家有关信息安全相关规定，采取相应措施，保证文化大数据的准确性、完整性、可靠性、可信性、保密性、防篡改性。具体要求包括：一是采用资源、角色等权限控制机制，对用户的业务操作访问权限进行控制。二是系统在核心的操作环节应保存日志记录，确保每次操作有据可查。三是采用跨主机多副本的机制来保证数据的可靠性，即一份数据可以分为 2—3 个副本分布在不同的主机上，当某些主机出现故障无法提供服务时，另外有一个完全一致的副本，业务不会受到任何影响。另外应有带外备份数据保护机制。

国家文化专网组网技术要求

1. 国家文化专网承载网络：基于有线电视网络现有网络资源进行组网，可用资源包括有线网络资源和广电移动通信网络资源两部分。有线网络资源主要包括光缆网、传输网和数据网 3 类资源，其中，光缆网分别为传输网和数据网提供光纤传输通道的同时，为文化数据服务中心直接提供光纤租用服务；传输网为数据网提供传输电路通道的同时，为文化数据服务中心直接提供传输电路服务；数据网分别为文化数据服务中心或直接为业务系统提供数据通信服务。广电移动通信网为文化数据服务中心和业务系统提供无线通信服务，或者通过边缘计算等形式为业务系统提供算力服务。

2. 国家文化专网算力网络：为业务系统提供数据共享所需的计

算和存储能力，以及通用安全、管理、算法等基础服务能力。算力网络主要由各类文化数据服务中心自建或租用的数据中心算力资源组成，这些资源互联互通形成覆盖全国的虚拟化专用网络，为各类文化大数据运营实体提供透明算力服务。

3.国家文化专网功能：一是为各级文化数据服务中心提供数据传输通道，二是为各类文化机构所拥有的文化机构专网、文化体验设施中的文化体验驻地网、互联网服务商提供数据接入通道。文化机构通过底层关联集成系统接入国家文化专网，实现向文化专网中的文化数据库提供文化资源数据汇聚能力、从文化数据库中获取文化资源数据的能力，以及向文化数据服务平台登记发布文化资源数据和文化数字内容的能力。文化体验设施和互联网通过文化体验网关接入国家文化专网，从文化数据服务中心中的文化数据服务平台获取各类文化数字内容。底层关联集成系统和文化体验网关应具备相关网络的安全接入控制能力。

文化体验设施通用技术要求

1.文化设施空间布局：文化体验园、体验馆、体验厅的建设规模，宜根据该场地所覆盖的户籍人数来确定，其建筑面积和文化体验面积与该场地覆盖城区建设当年的户籍人口数量的比例相匹配。经济发达地区和旅游热点地区的城市，文化体验设施建设规模可在规定的基础上增加，但增加的规模不应超过30%。少数民族地区省会、自治区首府城市应建设中型及以上规模文化体验设施。

2. 文化体验场景：根据视频成像系统呈现技术或方式的不同，包括不限于球幕体验场景、飞翔体验场景、环视体验场景、折幕体验场景、幻影成像体验场景、虚拟动感体验场景、虚拟骑乘体验场景、虚拟漫游体验场景、常规体验场景及其他体验场景。体验场景设计需根据体验内容及呈现所需的技术，结合建筑空间形态，对体验空间布局、观众座椅布置、视觉呈现形态、听觉还音方式和动感控制要求进行集成设计，要充分考虑体验路线及安全舒适感，创造科学、良好的沉浸式体验效果。

3. 文化体验设施评价：各类文化体验设施按照空间规模、体验场景数量、沉浸度、观演舒适度、配套设施及服务质量等六个评价指标进行星级评定。文化体验设施的星级可分为五个等级，即一星级、二星级、三星级、四星级和五星级，星级越高表示文化体验设施的等级越高。

文化体验馆技术要求（沉浸式教室）

1. 概述：沉浸式教室主要由文化体验驻地网、投影场景、影像系统、音响系统、播控系统、交互系统、自适应曲面矫正融合系统、文化数字内容管理系统等组成。

2. 沉浸式教室建筑面积：应不小于 30 平方米，高度（对等相应面积）最低不低于 2.5 米，沉浸式教室配套用控制室面积应不小于 2 平方米。按建筑（影像投射面内壁所围合覆盖区域）面积大小分类（定义）如下：

小型沉浸式教室——建筑面积 30—60 平方米之间，容纳峰值不超过 20 人。

中型沉浸式教室——建筑面积 60—100 平方米之间，容纳峰值不超过 40 人。

大型沉浸式教室——建筑面积 100 平方米及以上，容纳峰值不超过 60 人，随面积增加以 1.5 平方米 / 人的方式依次叠加。

文化体验馆技术要求（移动沉浸式体验馆）

1.体验馆建筑场地选址：体验馆建筑场地选址应符合归口土地管理部门对临时用地的审批要求，并应遵循以下的原则：符合当地城市规划的要求，且布点应合理；选择交通便利的区域，并应远离工业污染源和噪声源；至少有一面临接城市道路，或直接通向城市道路的空地；临接的城市道路的可通行宽度不应小于体验馆安全出口宽度的总和；场地沿城市道路的长度应按建筑规模或疏散人数确定，并不应小于场地周长的 1/6；至少有两个不同方向的通向城市道路的出口；场地的主要出入口不应与快速道路直接连接，也不应直接面对城市主要干道的交叉口；体验馆建筑主要入口前的空地应按不小于 0.20 平方米 / 座留出集散空地；绿化和停车场布置不应影响集散空地的使用，并不宜设置障碍物。

2.总体布局：体验馆总体布局包括布景区、停车库、车辆通行区、绿化等区域，其规划应遵循以下原则：场地总平面设计应功能分区明确，交通流线合理，避免人流与车流、货流交叉，并应有利于消防、停车和人流集散；布景运输车辆应能直接到达景物搬运出入口并应考虑安检设施布置需求；场地内应设置停车场（库），且停车场（库）的出入口应与道路连接方便，停车位的数量应满足当地规划的要求；场地总平面道路设计应满足消防车及货运车的通行要求，其净宽不应小于4米，穿越建筑物时净高不应小于4米；环境设计及绿化应符合当地规划要求；场地内的设备用房不应对观众厅、舞台及其周围环境产生噪声、振动干扰；对于综合建筑内设置的体验馆，宜设置通往室外的单独出入口，应设置人员集散空间，并应设置相应的标识。

3.体验馆沉浸式音频处理设备：支持最高可达64通道的音频信号的处理能力并符合SMPTE（电影电视工程师协会）沉浸音频标准技术体系；采用基于VBAP3D和最高7阶HOA沉浸式音频算法和基于IETF（Internet Engineering Task Force）RFC 6716标准的传输压缩编解码器，以及基于多声源的空间测量与校准技术，并支持将5.1、7.1片源上变换为全沉浸式音效；支持主流的音频工作站ProTools、Reaper、Nuendo、Pyramix进行插件型内容转换制作。

4.体验馆视频设备：体验馆直视显示或投影显示设备的视场角、分辨率和对比度应满足：观众区采用的直视显示或投影显示设备其呈现画面覆盖人眼至少120°（水平）×70°（垂直）视场角；采用的直视显示或投影显示设备分辨率至少达到2k（60Hz）分辨率并推荐4k（120Hz）或以上的分辨率及至少10000:1以上的显示对比度。

文化体验设施用数字内容管理系统技术要求

1. 系统架构：主要包括系统界面、功能模块、文化数据服务接口、数字内容分发接口、运维管理接口及文化数字内容库。其中，功能模块包括内容获取和存储、内容信息管理、适配关系管理、内容分发、系统管理；文化数字内容资源库具备文化数字内容输入、存储、提取等功能；系统界面包括功能展示界面和注册登录界面。文化数据服务平台是文化体验设施用数字内容管理系统的内容源端。系统通过文化数据服务接口从文化数据服务平台合法获取文化数字内容，并向文化数据服务平台提供文化数字内容使用统计数据。文化体验装备是文化体验设施用数字内容管理系统的内容输出端。系统通过数字内容分发接口分发数字内容至文化体验装备的多媒体服务器，由多媒体服务器完成文化体验装备的文化数字内容存储和展示。文化体验设施运维管理系统是文化体验设施用数字内容管理系统的运维管理端。系统通过运维管理接口向文化体验设施运维管理系统提供运维数据查询。

2. 内容获取和存储：用于接收文化数据服务平台的指令，从指定的内容源地址下载数字内容，并自动存储至文化数字内容库，实现数字内容的本地存储，主要功能要求如下：支持通过文化数据服务接口从文化数据服务平台接收指定的文化数字内容，并完成下载；支持数字内容索引文件的生成，每个数字内容值只对应生成一个索引文件，索引文件须标识出所有与该数字内容相关的文件；支持单个或多个数字内容的获取和存储；支持数字内容存储和数据备份同步进行；支持对从文化数据服务平台以及本地文化数字内容的统一管理。

3.内容信息管理：用于管理数字内容在文化数字内容资源库内各项属性的信息登记与展示，包括文化数字内容标识、文化数字内容核心元数据、授权信息及内容状态等。在获取数字内容时，内容信息管理对数字内容信息进行保存和整理，并采用文化大数据标识符形成唯一内容标识，便于数字内容管理系统进行全局调度。内容信息管理主要功能要求如下：支持文化数字内容分类代码管理；支持文化数字内容的查询和筛选；支持文化数字内容的信息修改；支持文化数字内容信息及状态的展示；支持文化数据内容的预览展示，预览内容可包括文本、图像、视频、音频等。

4.适配关系管理：用于确定文化数字内容与文化体验装备的适配关系。适配关系管理通过构建文化体验场景的多媒体服务器标识，完成与文化数字内容绑定，从而确定适配关系。适配关系管理主要功能要求如下：支持文化体验场景的多媒体服务器标识建立，并设置适配条件；根据多媒体服务器的适配条件，自动适配文化数字内容；支持多媒体服务器的文化数字内容适配选择，包括文化数字内容的检索、绑定、修改等操作；支持展现不同文化体验场景中多媒体服务器的适配结果。

5.内容分发：用于分发文化数字内容至文化体验场景的多媒体服务器，主要功能要求如下：支持面向不同文化体验场景的多媒体服务器进行文化数字内容分发；支持手动分发、自动分发、重新分发、撤销分发、单个或批量分发；支持传输故障重新发送及故障反馈。

6.安全管理措施：建立数据存储、传输、交互的安全策略，定期评估数据存储、数据通信的安全性，保障数据存储和传输安全，重要信息应做异地数据备份；配备防火墙、入侵检测系统等安全设备，防止外部入侵，保障数字内容管理系统和数据安全；建立数据安全事件应急预案，发生数据安全事件时能快速恢复数据和系统运行；对文化内容数据资源进行合理科学的权限设置，在数据安全的前提下，确保数字内容管理系统服务对象能便利地使用相关信息。

文化体验装备技术要求（通用技术要求）

1.文化体验装备：分为文化体验通用设备、文化体验通用子系统和文化体验系统三类。其中，通用子系统由通用设备通过线缆、接口等连接器件集成而成；体验系统由通用设备、通用子系统通过线缆、接口等连接器件集成而成。

2.文化体验通用设备：包括文化体验用多媒体服务器、投影机、银幕、显示设备、功率放大器、扬声器等。

3.文化体验系统：主要包括全息剧场系统、数字影视系统、球幕/环幕/折幕剧院系统、交互/沉浸式教学体验系统、数字美术体验系统、数字音乐厅系统、数字综合剧场系统、U形情景式4D体验剧场系统、移动式空间系统、表演机器人系统、动感舱系统、黑暗乘骑系统、裸眼3D显示系统等。

4.文化体验装备特殊设备：主要包括智能导航机器人设备等，具备场馆解说、智能导航等功能。

文化体验装备技术要求（沉浸音效体验系统）

1.系统架构：沉浸音效体验系统主要由音效播控服务器、环屏主扩声设备、全景声像生成设备等组成。

2.音效播控服务器：与文化体验设施用数字内容管理系统对接，接收音视频媒体流，音效播控服务器将流文件进行解码和路由分配，其中音频部分再编码为 AES67 或 Dante 音频格式的网络数字音频，经交换机分别送给环屏主扩声设备和全景声像生成设备。

3.环屏主扩声设备：完成左、中、右主声道的声场合成和现场扩声，适用于 LED 等非透声屏幕的还音。

4.全景声像生成设备：支持 30 个以上的声道的声音处理和分配。声场控制设备可根据现场使用情况使合成混响时间在大范围内连续可调，各设备通过网络交换机互联，网络数字音频信号由音效播控服务器送至环屏主扩声设备及全景声像生成设备，并在声场控制设备控制下生成全景沉浸音效。

文化体验网关技术要求

1.技术架构：文化体验网关是部署于文化体验设施内，为文化体验设施内各类文化装备和文化体验服务运营支撑系统提供存储能力、计算能力和国家文化专网接入能力的信息基础设施系统，可根据处理能力以单独的设备、设备集群或边缘云的形式存在。文化体验网关包括网络服务、存储服务、计算服务、资源管理服务、认证鉴权服务和ISLI解析服务。文化体验网关在网络层上提供国家文化专网的接入服务能力。文化体验网关为文化数字内容管理系统和文化体验装备提供网络接入服务,另外系统可以部署在网关提供的计算服务、存储服务等IT基础服务上。文化体验网关在运维管理方面为运维管理平台提供运维接入的能力。

2. 网络接入能力:即为文化体验设施提供基本的组网和访问能力。网络节点设备的主要能力,承载数据流量,通过路由选择算法决定流经数据的转发处理,并可以通过集成防火墙等功能模块提供访问控制和安全扩展功能,基本功能要求如下:支持文化体验设施内文化驻地网的组网能力;提供文化体验设施内装备或系统受控接入国家文化专网的能力;提供文化体验设施内装备或系统受控接入互联网的能力。

3. 网络接入管控:针对使用网关提供的服务,在文化体验设施内需要获得授权才可访问,主要功能如下:自主访问控制;身份鉴别(管理员鉴别、超时锁定、会话锁定、登录历史),支持针对不同文化体验装备可以设置访问国家文化专网或互联网的权限,但文化体验网关需保障互联网内容不进入消费端;支持是否允许设备接入驻地网控制;安全管理(权限管理、管理协议设置、安全属性管理);设备安全防护(流量控制、优先级调度、资源耗尽防护、网络安全防护);安全功能保护(自检、软件更新的合法性、审计);

生命周期支持、可靠性、数据保护、远程管理安全；路由认证、防火墙功能、入侵检测功能等其他安全功能；支持系统接入认证；支持防 Token 被劫持，伪造请求和篡改参数。

（根据中国公共关系协会文化大数据产业委员会发布的国家文化大数据体系系列团体标准辑录）

参考文献

《习近平主持十八届中共中央政治局第十二次集体学习并发表重要讲话（2013年12月30日）》，"学习强国"学习平台2013年12月31日。

《习近平在网络安全和信息化工作座谈会上的讲话（2016年4月19日）》，中国政府网2016年4月25日。

《习近平主持中共中央政治局第十二次集体学习并发表重要讲话》，中国政府网2019年1月25日。

《习近平在中国科学院第二十次院士大会、中国工程院第十五次院士大会、中国科协第十次全国代表大会上的讲话（2021年5月28日）》，中国政府网2021年5月28日。

习近平：《高举中国特色社会主义伟大旗帜　为全面建设社会主义现代化国家而团结奋斗——在中国共产党第二十次全国代表大会上的报告（2022年10月16日）》，中国政府网2022年10月25日。

习近平：《一个国家、一个民族不能没有灵魂》，《求是》2019年第8期。

习近平：《坚定文化自信，建设社会主义文化强国》，《求是》2019年第12期。

习近平：《用好红色资源，传承好红色基因　把红色江山世世代代传下去》，《求是》2021年第10期。

习近平：《用好红色资源　赓续红色血脉　努力创造无愧于历史和人民的新业绩》，《求是》2021年第19期。

习近平:《不断做强做优做大我国数字经济》,《求是》2022 年第 2 期。

习近平:《加快建设科技强国　实现高水平科技自立自强》,《求是》2022 年第 9 期。

习近平:《把中国文明历史研究引向深入　增强历史自觉坚定文化自信》,《求是》2022 年第 14 期。

《中共中央关于深化文化体制改革、推动社会主义文化大发展大繁荣若干重大问题的决定》,《中国青年报》2011 年 10 月 26 日。

《中共中央关于制定国民经济和社会发展第十四个五年规划和二〇三五年远景目标的建议》,新华网 2020 年 11 月 3 日。

《中共中央　国务院关于构建数据基础制度更好发挥数据要素作用的意见》,新华网 2022 年 12 月 19 日。

《中华人民共和国国民经济和社会发展第十四个五年规划和 2035 年远景目标纲要》,《人民日报》2021 年 3 月 13 日。

《国务院关于文化产业发展情况的报告》,中国人大网 2019 年 6 月 26 日。

《国家"十二五"时期文化改革发展规划纲要》,国务院新闻办公室网站 2012 年 5 月 16 日。

《"十四五"文化发展规划》,新华网 2022 年 8 月 16 日。

《国务院办公厅关于印发文化部主要职责内设机构和人员编制规定的通知》(国办发〔2008〕79 号),中国政府网 2009 年 4 月 3 日。

《中华人民共和国文化和旅游部 2021 年文化和旅游发展统计公报》,文化和旅游部网站 2022 年 6 月 29 日。

《中国数字经济发展报告(2022 年)》,中国信通院网站 2022 年 7 月 8 日。

宋洋洋主编:《2022 中国文化和科技融合发展战略研究报告》,文化产业评论微信公众号 2022 年 12 月 1 日。

《中国广电参与建设的量子保密通信"京沪干线"在中国人民银行支付系统中发挥重要作用》，中国广电微信公众号 2021 年 8 月 5 日。

李松：《从"十大集成"到国家民间文化基础资源数据库建设》，《中国文化报》2014 年 3 月 10 日。

万东华：《从社会发展看全面建成小康社会成就》，《人民日报》2020 年 8 月 4 日。

张树武：《顺应数字经济发展规律　构建数字文化经济生态》，《群众》2021 年第 24 期。

宋洋洋：《文化数字化新阶段的价值导向与重点任务》，《群众》2021 年第 24 期。

吴健：《加强文物科技创新》，《人民日报》2022 年 3 月 28 日。

熊远明：《围绕国家文化数字化战略　积极推进全国智慧图书馆体系建设》，《中国图书馆学报》2022 年第 4 期。

白雪华：《依托公共文化云　落实国家文化数字化战略》，《中国图书馆学报》2022 年第 4 期。

李国新：《公共文化数字化建设的新方向新任务》，《中国图书馆学报》2022 年第 4 期。

赵辉、段小虎：《落实国家文化数字化战略　守护华夏文明之根》，《中国图书馆学报》2022 年第 4 期。

周广明：《中国数字文化集团文化资源数字化和文化大数据体系建设实践》，《中国文化馆》2022 年第 1 期。

魏崇、王涛：《国图出版社建设国家文化大数据项目〈中国古籍图典数据库〉的思考和探索》，伏羲云微信公众号 2022 年 5 月 6 日。

王学斌：《我国文化数字化发端已久，但仍然任重而道远》，《光明日报》2022 年 5 月 27 日。

范周、李姝婧：《"大文化"视角下对实施国家文化数字化战略的思考》，政协君微信公众号 2022 年 6 月 1 日。

陈少峰：《文化数字化战略促进全产业跨界融合》，伏羲云微信公众号 2022 年 6 月 2 日。

孙若风：《从"数字长城"看文化传承的数字化担当》，《人文天下》2022 年第 6 期。

向勇：《开创我国文化数字化转型发展的新境界》，《经济日报》2022 年 6 月 16 日。

范玉刚：《以"文化数字化战略"夯实文化强国建设的根基》，《中国文化报》2022 年 6 月 16 日。

周建新：《解码文化数字化，拥抱消费新场景》，《佛山日报》2022 年 6 月 21 日。

祁述裕：《文化大数据体系建设，需要做好开放和共享》，《新京报》2022 年 7 月 26 日。

魏玉山：《落实国家文化数字化战略　建设国家出版物数字资源总库》，《出版发行研究》2022 年第 6 期。

冯惠玲：《持续深化档案数字化转型　参与国家大数据治理》，档案那些事儿微信公众号 2022 年 7 月 25 日。

秦顺：《转向与进路：国家文化数字化战略中的图书馆使命》，《图书馆论坛》2022 年第 9 期。

闫慧：《文化数字化发展政策比较研究》，《情报理论与实践》2022 年第 8 期。

周林兴、张笑玮：《国家文化数字化战略背景下图档博（LAM）协同发展研究》，见 https://kns.cnki.net/kcms/detail//23.1331.G2.20221228.1350.

001.html。

王宇：《数字藏品NFT：下一场击鼓传花的游戏?》，中国新闻周刊微信公众号2022年7月9日。

刘玉珠：《数字技术更好呈现文化遗产之美》，《新京报》2022年8月4日。

王涛：《数字出版十年回顾》，国家图书馆出版社微信公众号2022年10月17日。

孙向辉：《凝心聚力推进文化自信自强，奋力走好新时代电影赶考之路》，《中国电影报》2022年11月2日。

周林兴、崔云萍：《档案馆是推进文化数字化的重要力量》，《中国社会科学报》2022年11月29日。

徐平、路滢月：《国家文化大数据体系建设成果展亮相深圳文博会》，《中国新闻出版广电报》2023年1月5日。

王明轩：《国家文化数字化战略将给我们一个全新的生活》，新媒体大趋势微信公众号2022年8月15日。

李秋红：《实施国家文化数字化战略，广电怎么做?》，国家广电智库微信公众号2022年5月26日。

高凯：《贯彻国家文化数字化战略，有线电视网络迎来新机遇!》，国家广电智库微信公众号2022年6月13日。

高书生：《国家文化数字化战略：背景与布局》，《河北师范大学学报（哲学社会科学版）》2022年第5期。

高书生：《主权链呼之欲出》，文化产业评论微信公众号2022年11月11日。

高书生：《国家文化数字化战略：技术路线与中心环节》，《人民论坛·学术前沿》2022年12月上。

| 后　记 |

　　2022年，称得上国家文化数字化战略元年。3月，中办国办印发《关于推进实施国家文化数字化战略的意见》；10月，实施国家文化数字化战略写进党的二十大报告。

　　2011年，中办国办印发的《国家"十二五"时期文化改革发展规划纲要》提出实施文化数字化工程项目，到2022年，文化数字化上升为国家战略，"十年磨一剑"。十余年间，有大量的工作机会同宣传文化战线同行进行交流沟通，共同探讨文化数字化的路径。特别是自2016年起，同科技部高新司共同推动文化和科技融合，有机会同从事科技工作的专家、企业家和技术人员进行深入的探讨。多年的实践摸索和理论探究，为起草国家文化数字化战略文件增添了底气和信心。

　　2022年5月，中办国办《关于推进实施国家文化数字化战略的意见》经中央主要新闻单位刊播后，在社会上引起了强烈反响，从政界到学界，从高层到基层，从体制内到体制外，积极响应者众。北京京和文旅研究院范周院长组织的一次公益讲座，专门解读国家文化数字化战略，预订了2万人的腾讯会议室，据说"一座难求"。2022 年 10 月，实施国家文化数字化战略写进党的二十大，社会上又掀起了一轮热潮，各种论坛、讲座、年会，并没有受到新冠肺炎疫情的影响，线下受阻线上视频举行。

在同各界人士交流过程中，深受热情感染的同时，隐隐约约感到，或许因为文化数字化的技术性和专业性太强，或许因为这些年互联网耳濡目染太刻骨，路径依赖倾向明显，对国家文化数字化战略的领会有待深入。除利用视频会议和座谈交流解疑释惑外，也通过撰写文章同大家深入沟通。雅昌文化集团何曼玲董事长非常热情，就把若干篇文章辑成了小册子，我把小册子内容加以扩充形成了这本书，田之友先生提供了相关设计元素，一并致谢。

文化数字化，从工程项目上升为国家战略，用了 10 年；文化数字化战略，从落地落实到实现最终目标，也需要 10 年以上。星星之火，必定燎原。

高书生

2023 年 1 月 12 日

责任编辑：曹　春　宋军花

图书在版编目（CIP）数据

国家文化数字化战略怎样落地落实／高书生 著．—北京：
人民出版社，2023.2（2023.4 重印）

ISBN 978－7－01－025476－0

I. ①国… 　 II. ①高… 　 III. ①中华文化－数字化－研究

　 IV. ① K203–39

中国国家版本馆 CIP 数据核字（2023）第 032118 号

国家文化数字化战略怎样落地落实
GUOJIA WENHUA SHUZIHUA ZHANLÜE ZENYANG LUODI LUOSHI

高书生　著

人民出版社 出版发行
(100706　北京市东城区隆福寺街 99 号)

北京雅昌艺术印刷有限公司印刷　新华书店经销

2023 年 2 月第 1 版　2023 年 4 月北京第 3 次印刷
开本：880 毫米 ×1230 毫米 1/32　印张：7.375
字数：168 千字

ISBN 978－7－01－025476－0　定价：68.00 元

邮购地址 100706　北京市东城区隆福寺街 99 号
人民东方图书销售中心　电话（010）65250042　65289539